Ich steh' dann mal am Herd!

THOMAS CONNERTZ

Ich steh' dann mal **am Herd!**

Neue Rezepte aus dem Blog **Dreiminutenei**

Jan Thorbecke Verlag

VERLAGSGRUPPE PATMOS

PATMOS
ESCHBACH
GRÜNEWALD
THORBECKE
SCHWABEN

Die Verlagsgruppe
mit Sinn für das Leben

www.thorbecke.de

Gestaltung: Finken & Bumiller, Stuttgart
Druck: Firmengruppe APPL, Wemding
Hergestellt in Deutschland
ISBN 978-3-7995-0547-5

INHALT

EINLEITUNG

Einfach mal was kochen.

Da draußen im Internet findet man mehrere Hundertausend Blogs, die sich mit dem Kochen beschäftigen. Einer davon ist meiner: dreiminutenei.de. Ich habe ihn 2012 eigentlich aus Eigennutz gestartet, als ich nach einer Möglichkeit suchte, meine Rezepte so aufzuschreiben, dass ich von überall aus etwas nachschauen kann. Dass ich auf diesem Weg Freunde mit Kochtipps versorgen konnte, war ein netter Nebeneffekt.

Ein bisschen mehr als nur Notizen für mich selbst sollte es schon sein. Eine gute Freundin hatte gerade für sich entdeckt, dass Selbstgekochtes besser schmeckt als Kantinenfutter. Konnte aber nur zwei, drei Standardsachen, die ihr allmählich zum Hals raushingen. Also haben wir ein paar Wochenenden in der Küche verbracht, gekocht, fotografiert und Rezepte aufgeschrieben.

Daraus entstanden die ersten Einträge im Blog.

Ich habe so meinen Ehrgeiz.

Als der Thorbecke-Verlag anfragte, ob ich aus dem Blog ein Kochbuch machen möchte, habe ich erst mal gezögert. Eigentlich finde ich es ja ziemlich altmodisch, Bäume zu schreddern, zu Brei zu kochen, dünne Platten daraus zu pressen und Farbe darauf zu drucken. Aber wenn man das schon tut, sollte nicht das Gleiche darin stehen wie im Blog. Also mussten neue Rezepte her. Und neue Fotos sowieso.

No food was harmed creating this book.

Es gibt wahrlich bessere Foodstylisten als mich. Ich finde es auch viel wichtiger, dass die Fotos das Gericht so zeigen, wie es auf den Teller kommt. Na ja, manchmal habe ich die Portionen etwas kleiner gemacht. Weil's auf dem Foto einfach besser aussieht. Das war's dann aber auch schon.

Alles, was du auf den Fotos siehst, wurde hinterher aufgegessen. Was manchmal zu etwas Hektik beim Fotografieren führte, und da verrutscht schon mal die Deko. Egal, Hauptsache es kommt noch heiß auf den Tisch und schmeckt. Und alle sind hinterher satt und zufrieden.

Wie im wirklichen Leben.

Die meisten leckeren Sachen sind gar nicht so schwer zu kochen, wenn man ein paar Grundregeln beachtet und ein paar Tricks und Kniffe kennt. Und wenn das Rezept nach dem wirklichen Leben geschrieben ist – Schritt für Schritt, in der Reihenfolge, wie's am besten ist. Damit sich auch die besagte Freundin an die Zubereitung eines Soufflés herantraut.

Wenn kiloweise Zwiebeln gewürfelt werden müssen, steht das auch so im Rezept. Damit du die Arbeit und den Zeitbedarf einschätzen kannst.

Dass du weißt, dass die Zwiebeln vorher gepellt werden, setze ich voraus. Ob du Kräuter vor der Verwendung wäschst, überlasse ich dir. Wie fein du sie hackst, ist mir egal. Außer manchmal: Es gibt Gerichte, bei denen es wichtig ist, ob der Pfeffer grob gemörsert oder fein gemahlen ist. Das steht dann aber auch im Rezept.
Wenn du Kräuter wäschst, mach' das gleich nach dem Einkaufen, denn dann bleiben sie frisch und das Wasser trocknet ab, bevor du sie verwendest. Nur bei Koriander geht das erstaunlicherweise schief – er bleibt länger frisch, wenn man ihn nicht wäscht (bzw. eben erst kurz vor der Verwendung).
Und natürlich kannst du alle Rezepte nachkochen, ohne dir erst einen Maschinenpark mit modernster Küchentechnik anschaffen zu müssen.

Keine Fachausdrücke.
Wie jede Profession hat auch die Kocherei eine eigene Sprache mit eigenen Fachausdrücken entwickelt. Das setze ich nicht voraus. Statt »blanchieren« beschreibe ich deshalb, dass du Gemüse kurz in kochendes Wasser und dann sofort in eiskaltes Wasser werfen sollst. Und wozu das gut ist.

Der Platz hier ist begrenzt.
Detaillierte Anleitungen passen nicht immer auf eine Doppelseite. Deshalb findest du an manchen Stellen Hinweise auf dreiminutenei.de, wo du detailliertere Informationen zu komplizierteren Zubereitungsschritten finden kannst. Oder bebilderte Anleitungen, wenn sich etwas mit Worten schlecht beschreiben lässt.

Es gibt viele Gründe, den Kochlöffel zu schwingen.
Kochen macht einfach Spaß, entspannt nach der Arbeit und man hat auch noch etwas davon. Und wenn's geschmeckt hat, kann man gleich wieder von vorne anfangen, ohne dass sich die Ergebnisse des Hobbys im Schrank stapeln.

Viel Spaß dabei.

Übrigens: Wie in fast jedem Kochbuch sind die Rezepte für 4 Personen ausgelegt, wenn es nicht anders angegeben ist.

CARBON
Solingen
Germany

DAS SCHMECKT WIE FRÜHER

Der ungebrochene Trend zum fantasierten Landleben, idyllisch verklärt in einer schier unüberschaubar gewordenen Anzahl Zeitschriften, deren Titel »Land« mit »Leben«, »Lust« und »Liebe« kombinieren, hat für den undogmatischen Kochenden einen großen Vorteil: Alte und zu Unrecht vergessene Gemüse sind wieder zu kriegen.

Auf dem Markt kannst du wieder Schwarzwurzeln kaufen, ohne komisch angeschaut zu werden. Pastinaken gibt's im Supermarkt. Rote Bete gibt's auf einmal auch in ihrer natürlichen Form – nicht nur vorgekocht und in Plastik eingeschweißt. Neue alte Genussmöglichkeiten tun sich auf.

Nur: Wie bereitet man das Zeugs zu?

Traditionelle Küche ist meistens zeitaufwendig. Was nicht immer heißt, dass du viel Arbeit hast. Oft stehen die Sachen einfach nur lange auf dem Herd oder im Ofen, bis sie ihr volles Potenzial entfalten. Da ist Geduld angesagt, denn das kann man mit moderner Technik nicht beschleunigen. Dafür schmeckt's dann auch unvergleichlich – nicht nur für Nostalgiker.

RINDERROULADEN

Es dürfte ungefähr so viele Rezepte für Rinderrouladen geben wie Familien mit Omas. Falls deine sich weigert, ihr Geheimnis herauszurücken: Hier ist ein Rezept, das du für die Gründung einer eigenen Tradition verwenden kannst.

4 Rinderrouladen zu je ca. 200 g
4 TL mittelscharfer Senf
120 g/12 Scheiben Bacon (In einer Packung zu 100 g sind nur 10 Scheiben!)
3 Zwiebeln
8 Cornichons (etwa 40 bis 50 g)
100 g Möhren
100 g Knollensellerie
1 kleine Stange Lauch
3 EL Öl zum Braten
1 EL Tomatenmark
2 Lorbeerblätter
1 TL Thymian
1 TL ganze Pfefferkörner
150 ml Rotwein
Salz, Pfeffer

Du solltest rund 2 Stunden vor dem geplanten Essen anfangen. Davon sind am Anfang 20 Minuten und am Ende 10 Minuten Arbeit.

→ Heize den Backofen auf 180 °C vor.
→ Breite die Fleischscheiben aus, pfeffere sie leicht, bestreiche sie mit je 1 TL Senf und belege sie mit je 3 Scheiben Bacon.
→ Schneide 1 Zwiebel und die Cornichons in möglichst feine Würfel – 2 mm sind nicht zu klein. Das ergibt ungefähr 4 EL. Häufe je 1 EL auf die kurze Seite jeder Roulade, schlage die Längsseiten etwas ein und rolle die Rouladen von dem Ende her ein, auf dem die Zwiebel-Cornichonmischung liegt. Schnüre sie mit Küchengarn zu einem Päckchen oder fixiere sie mit Rouladennadeln.
→ Schneide die Möhren, den Sellerie, den Lauch und die restlichen beiden Zwiebeln in ungefähr 1 cm große Würfel.
→ Brate die Rouladen in einem großen Bratentopf im Öl 2 Minuten von jeder Seite kräftig an. Nimm sie heraus und röste die Gemüsewürfel im Bratfett an. Gib das Tomatenmark und die Gewürze dazu und röste alles 2–3 Minuten mit. Es darf alles kräftig braun werden.
→ Gieße den Wein dazu und lasse alles ein wenig einkochen. Gib knapp ½ l Wasser dazu und lege die Rouladen wieder ein.
→ Deckel drauf und ab in den Backofen damit – für etwa 1,5 Stunden. Auf eine Viertelstunde mehr kommt's nicht an.
→ Nimm die Rouladen aus dem Gemüsesud, entferne Nadel oder Faden und wickle die Rouladen in Alufolie, damit sie nicht zu stark auskühlen.
→ Streiche das Gemüse durch ein feines Sieb in einen kleinen Topf und koche es auf. Wenn dabei eine dicke Pampe entsteht, verdünne sie mit etwas Wasser. Schmecke mit Salz und Pfeffer ab.
→ Wickle die Rouladen aus der Alufolie und lasse sie noch 10–15 Minuten in der Sauce ziehen. In dieser Zeit kannst du die Beilagen fertig machen.

Bei Bedarf kannst du das Fleisch ein wenig dünner klopfen.

Das hört sich komplizierter an, als es ist. Eine Schritt-für-Schritt-Anleitung findest du bei dreiminutenei.de/rinderrouladen.

DINGESKIRCHENER EINTOPF

Bei uns zu Hause sagen wir »Dinges«, wenn uns der richtige Begriff nicht einfällt. So ist auch der Dingeskirchener Eintopf entstanden. Dabei ist der Pichelsteiner Eintopf, wie er offiziell heißt, das älteste dokumentierte deutsche Gericht. Kein Wunder – die Zutaten hatte man auf dem Hof, man konnte alles in den Topf werfen und während der Garzeit den Stall ausmisten. Heute könnte man vielleicht den Kleiderschrank aufräumen. Oder so.

2 kleine Zwiebeln
Je 200 g Kalbs-, Rinder- und Schweinegulasch
2–3 EL Öl oder Schmalz
750 ml Gemüse- oder Fleischbrühe (oder etwas mehr)
2 Möhren
150 g Knollensellerie
2 große festkochende Kartoffeln
200 g Weißkohl oder Wirsing
½ Stange Lauch (das weiße Ende)
2 Lorbeerblätter
1 guter TL Majoran
1 EL Petersilie
Salz, Pfeffer

Der Eintopf braucht etwa 90 Minuten. Davon stehst du 20 Minuten am Herd.

- → Schneide die Zwiebeln in ca. 5 mm große Würfel.
- → Brate das Fleisch in Öl oder Schmalz in einem großen Topf bei starker Hitze portionsweise an. Zur letzten Portion kommen kurz vor Schluss die Zwiebelwürfel und dürfen ein bisschen bräunen.
- → Gieße etwa ½ l Brühe dazu, bis das Fleisch knapp bedeckt ist. Reduziere die Hitze, so dass die Brühe mit dem Fleisch so gerade eben nicht kocht, und lasse alles 1 Stunde lang knapp unter dem Siedepunkt ziehen.
- → Würfle das Gemüse. Möhren und Sellerie sind am härtesten und werden etwas kleiner geschnitten als die Kartoffeln. Den Kohl schneidest du in etwa 2 cm breite Streifen, den Lauch in 5 mm dicke Ringe.
- → Gib das Gemüse mit Lorbeerblättern, Majoran, Salz und Pfeffer zum Fleisch und rühre gründlich um. Gib eventuell noch etwas Brühe dazu. Es sollte so viel Flüssigkeit im Topf sein, dass man sie sehen kann, aber der Eintopf nicht bedeckt ist.
- → Bringe den Eintopf wieder bis knapp vor den Siedepunkt und lasse ihn 15–20 Minuten gar ziehen.
- → Währenddessen hackst du die Petersilie fein.
- → Wenn das Gemüse gar ist, schmeckst du mit Salz und Pfeffer ab. Verteile den Eintopf auf tiefe Teller, streue die Petersilie darüber – fertig.
- → Du kannst auch andere Gemüse verwenden oder die Mengen variieren.

Die Brühe darf auf keinen Fall kochen! Zu viel Hitze macht das Fleisch zäh. Warum das so ist, kannst du bei dreiminutenei.de/schmoren nachschauen.

Nicht mehr umrühren, damit das Gemüse nicht zerfällt.

RÖSTI

800 g festkochende Kartoffeln
4 EL Butterschmalz
Salz, Pfeffer, Muskat

Die Kartoffeln müssen am Vortag gekocht werden.
Die eigentliche Zubereitung ist in ein paar Minuten erledigt; danach solltest du etwa 15 Minuten pro Portion fürs Braten einrechnen.

Rösti gehören zur Schweiz wie Spaghetti zu Italien. Oder Geschnetzeltes zu Zürich. Was übrigens ein sehr leckerer Begleiter zu schlichten Rösti sein kann. Es gibt unzählige Varianten, und insbesondere um die Frage, ob Eier hineingehören oder nicht, toben wahre Glaubenskriege. Mit Ei kleben die Kartoffelkuchen besser zusammen, ich finde aber, dass sie ohne Ei besser schmecken. Versuche mal die hier vorgestellte minimalistische Variante und genieße den herrlichen Kontrast zwischen knuspriger Kruste und fluffigem Innenleben.

→ Koche die Kartoffeln halb gar. Je nach Größe dauert das 10–15 Minuten. Pelle sie ab (heiß geht das am besten), lasse sie abkühlen und hebe sie im Kühlschrank auf.

→ Rasple die gepellten Kartoffeln auf der groben Seite einer Kastenreibe und würze sie mit 1–2 TL Salz, 1 TL Pfeffer und ½ TL Muskat.

→ Erhitze je 2 EL Butterschmalz in zwei mittelgroßen beschichteten Pfannen (ca. 15 cm Durchmesser). Gib die Kartoffelmasse hinein, forme sie zu einem Fladen und drücke ihn gut zusammen.

→ Lasse den Fladen von jeder Seite 5–8 Minuten bei mittlerer Hitze knusprig braun braten.

Rösti schmecken solo oder in Kombination mit jeder Art von Sauce – mit oder ohne Fleisch.

Wenn die Kartoffeln einen Tag stehen, verändert sich die Struktur der Kohlenhydrate. Die Kartoffeln werden fester, die Rösti knuspriger und sie brennen weniger an.

Du solltest den Fladen nur einmal wenden – das minimiert das Risiko, dass er zerbröselt. Am besten funktioniert das, indem du einen großen flachen Teller mit etwas Fett einpinselst und den Fladen daraufgleiten lässt. Stülpe dann die Pfanne über den Teller, halte beides fest (Topflappen nicht vergessen, sonst gibt's Brandwunden) und drehe beides mit Schwung um. Nimm den Teller ab und stelle die Pfanne wieder auf den Herd.

BIRNEN, BOHNEN, SPECK

4 dicke Scheiben Schinkenspeck zu je ungefähr 150 g
1 kg grüne Bohnen mit ein paar Stängeln Bohnenkraut
1 kg kleine Kochbirnen
Pfeffer
2 Stängel krause Petersilie (nach Geschmack), gehackt

Rechne ungefähr 60 Minuten, bis der Eintopf auf dem Tisch steht.

Dies ist ein einfaches bäuerliches Gericht aus Norddeutschland. Im August sind die Bohnen und die ersten Birnen reif. Der Schinken von der Schlachtung im vergangenen Jahr geht zu Ende, aber von dem Knochen kann man noch eine Brühe kochen. Wir machen es uns ein bisschen einfacher und nehmen Schinkenspeck.

- Setze den Schinkenspeck mit ungefähr 750 ml Wasser auf und bringe ihn zum Kochen. Schalte die Hitze soweit herunter, dass die Brühe nur noch leise köchelt. Gib das Bohnenkraut dazu und lasse den Schinken ungefähr 30 Minuten garen.
- In der Zwischenzeit schneidest du die Enden von den Bohnen und brichst sie in mundgerechte Stücke. Falls die Bohnen Fäden haben, musst du sie entfernen, denn sie werden beim Kochen nicht weich.
- Nach ungefähr 30 Minuten fischst du das Bohnenkraut aus dem Topf und gibst die Bohnen in die Schinkenbrühe. Sie sollten knapp von der Brühe bedeckt sein – wenn nötig, gib noch etwas heißes Wasser dazu. Würze mit ein paar Umdrehungen aus der Pfeffermühle und bringe alles wieder zum Köcheln.
- Entferne die Blütenansätze, lege die Birnen mit Stumpf und Stiel auf die Bohnen (große Früchte halbieren) und lasse alles miteinander noch einmal 10–15 Minuten garen.
- Verteile alles auf tiefe Teller, streue nach Geschmack noch etwas gehackte Petersilie darüber und serviere mit Salzkartoffeln. Die Birnen kann man am Stiel anfassen und abknabbern (Vorsicht: Sie bleiben überraschend lange heiß).

Zu diesem traditionellen Gericht gehört die traditionellste aller deutschen Beilagen: Salzkartoffeln. Du hast genügend Zeit, sie zu schälen, während die Schinkenbrühe köchelt. Denke daran, sie rechtzeitig aufzusetzen – also 5–10 Minuten bevor die Bohnen in den Topf kommen.

Nicht umrühren! Die Birnen werden auf den Bohnen quasi gedämpft. Beim Umrühren könnten sie zerfallen.

Kochbirnen sind südlich von Hamburg nicht ganz einfach zu bekommen. In Süddeutschland kannst du die kleinen »Gaishirtle«-Birnen nehmen. Oder eine andere, möglichst kleine und harte Sorte. Bohnenkraut kann man auch nur selten kaufen. Das liegt daran, dass der Gemüsehändler das Kraut im Normalfall freiwillig dazu packt, wenn du Bohnen kaufst.

WIENER SCHNITZEL
MIT WARMEM KARTOFFELSALAT

Wiener Schnitzel ist zwingend aus Kalbfleisch. Du kannst auch Schwein oder Pute nehmen, aber dann ist es eben kein Wiener Schnitzel mehr, sondern ein paniertes Schweine- oder Putenschnitzel. Dazu gehört Kartoffelsalat. Köstlich und selbstgemacht spielt das in einer völlig anderen Liga als das schnöde »Schniposa«, das deutsche Kneipiers gerne aus der Fritteuse ziehen.

Für den Kartoffelsalat

750 g kleine festkochende oder vorwiegend festkochende Kartoffeln
½ Zitrone
Bund frischer Dill (ergibt gehackt etwa 1 EL)
3 EL Olivenöl
Salz, Pfeffer

Für das Schnitzel

4 Kalbsschnitzel aus der Oberschale zu je ca. 125 g
Ca. 60 g Mehl
2 Eier
Ca. 100 g Semmelbrösel
4 EL Butterschmalz

Für die Garnitur

1 kleine Handvoll gemischte Blattsalate

Alles in allem brauchst du etwa 60 Minuten, wenn du dich an die Reihenfolge hältst. Wenn du auf den Kartoffelsalat verzichtest, brauchst du nur für die Schnitzel ungefähr 30 Minuten.

- → Koche die ungeschälten Kartoffeln in 15–20 Minuten gar.
- → Presse die Zitrone aus und hacke den Dill. Vermische Zitronensaft, Dill, Olivenöl, Salz und Pfeffer in einer kleinen Schüssel und stelle sie für später beiseite.
- → Klopfe die Schnitzel zwischen zwei Schichten Frischhaltefolie 5 mm dünn aus.
- → Gib das Mehl in eine flache Schüssel und würze es mit etwas Salz und Pfeffer. Gib die Eier in eine zweite Schüssel und verquirle sie. In eine dritte Schüssel kommen die Semmelbrösel.
- → Jetzt musst du dich erst mal wieder um den Kartoffelsalat kümmern: Pelle die Kartoffeln, schneide sie in Scheiben und vermische sie mit dem Dressing. Würze mit Salz und Pfeffer und stelle den Kartoffelsalat beiseite.
- → Wende die Schnitzel in Mehl und klopfe überschüssiges Mehl ab. Ziehe sie dann durch das verquirlte Ei und drücke sie anschließend in die Semmelbrösel.
- → Brate die Schnitzel bei mittlerer Hitze in Butterschmalz von jeder Seite 2–3 Minuten, bis sie goldbraun sind. Sie sollten fast im Fett schwimmen, damit sie gleichmäßig braun werden und nicht anbacken. Lasse sie auf Küchenpapier ein bisschen entfetten.
- → Richte die Salatblätter auf Tellern an und lege je ein Schnitzel darauf. Serviere dazu den Kartoffelsalat.

▶ Wie? Warum? Das kannst du bei dreiminutenei.de/fleischklopfen lesen.

▶ Die Reihenfolge ist wichtig, sonst gibt's keine schöne Panade. Eine perfekte Panade ist knusprig und wirft mopshalsartige Falten.

▶ Wenn du in mehreren Portionen arbeitest, kannst du die fertigen Schnitzel bei etwa 80 °C im Backofen warm halten.

BORSCHTSCH

1 kg Rinderbrust
2 TL Salz
1 TL Pfefferkörner
2 Lorbeerblätter
2 Pimentkörner
6 Wacholderbeeren
500–600 g Rote Bete (roh)
2 große Möhren
2 Zwiebeln
1 kg Weißkohl
2 EL Butter
2 EL Essig
1 EL Zucker
½ Bund Dill
½ Bund Petersilie
200 g saure Sahne
Salz, Pfeffer
Gummihandschuhe

Die Fleischbrühe kochst du am besten am Tag vorher. Sie köchelt – weitgehend allein – ca. 2 Stunden.
Für den Rest brauchst du etwa 45 Minuten.

Borschtsch klingt nach warmer Stube. Draußen liegt der Schnee meterhoch und der kalte sibirische Wind pfeift ums Haus. Der perfekte Eintopf auch für hiesige Winter. Dazu gibt es Wodka. Nicht weil das Essen so fett ist, sondern weil es schmeckt.

→ Gib das Fleisch in einen Topf und fülle so viel gesalzenes Wasser dazu, dass es gerade eben bedeckt ist (1,5–2 l). Bringe das Wasser zum Kochen und reduziere die Hitze, bis das Wasser bei offenem Deckel weiter köchelt.

→ Beim Erhitzen lösen sich etwa 15–20 Minuten lang Eiweißpartikel aus dem Fleisch und steigen als bräunlicher Schaum auf. Den musst du abschöpfen, danach kannst du Pfefferkörner, Lorbeerblätter, Piment und Wacholderbeeren dazugeben.

Wenn du die Gewürze gleich mit ins Wasser gibst, steigen sie mit dem Schaum auf.

→ Reduziere die Hitze, bis die Brühe bei geschlossenem Deckel gerade eben unter dem Siedepunkt bleibt. Lasse sie 1,5–2 Stunden ziehen, schalte dann den Herd aus und lasse den Topf auf der Platte abkühlen.

→ Am nächsten Tag nimmst du das Fleisch aus der Brühe und gießt die Gewürze durch ein Sieb ab.

Die übrige Fleischbrühe lässt sich gut einfrieren.

→ Schäle die Rote Bete (mit Gummihandschuhen und Schürze) und Möhren und schneide beides in Stücke. Würfle die Zwiebeln (nicht zu fein) und schneide die Kohlblätter in ca. 5 mm breite Streifen.

→ Dünste die Gemüse in der Butter an, gib 250 ml von der Fleischbrühe dazu und bringe sie zum Kochen. Würze mit Essig und Zucker und lasse alles ca. 30 Minuten köcheln.

→ Währenddessen hacke Dill und Petersilie und würfle das Fleisch.

→ Gib das Fleisch zum Gemüse, gieße so viel Fleischbrühe dazu, dass man das Ergebnis Suppe nennen kann, und bringe alles vorsichtig wieder zum Kochen. Wenn nötig, würze mit Salz und Pfeffer nach.

→ Verteile den Borschtsch auf Teller und garniere mit saurer Sahne, Dill und Petersilie. Fertig.

Manche russischen Mütterlein nehmen Sauerkraut statt Weißkohl. Dann würde ich aber den Essig weglassen.

Dazu passt frisches Sauerteigbrot.

GEBRATENE SCHWARZWURZELN

Etwas Essig
1 kg Schwarzwurzeln (davon bleiben nach dem Schälen etwa 600 g übrig)
2–3 EL Butter
Leicht gesalzenes Wasser oder etwas Gemüsebrühe
Ein paar Blätter glatte Petersilie (gehackt 1 EL)
Grobes Salz, Pfeffer
Gummihandschuhe

Die meiste Arbeit macht das Schälen (15–20 Minuten). Danach garen die Schwarzwurzeln etwa 15 Minuten.

Schwarzwurzeln kennen viele nur als weiche Stückchen in weißem Matsch. Richtig zubereitet – und vor allem ohne Mehlpampe – sind Schwarzwurzeln eine Köstlichkeit.

- Stelle eine große Schüssel mit kaltem Wasser bereit, in das du einen ordentlichen Schuss Essig gemischt hast.
- Wasche die lose Erde von den Schwarzwurzeln. Schäle sie anschließend sehr gründlich. Lege die geschälten Stücke sofort in das Essigwasser, damit sie sich nicht braun verfärben.
- Schneide die Schwarzwurzeln in mundgerechte Stücke und entferne dabei die letzten schwarzen Stipser, die beim Schälen vielleicht übrig geblieben sind. Lege die Stücke sofort wieder in das Essigwasser.
- Erhitze die Butter in einer sehr großen Pfanne. Wenn sie zu schäumen beginnt, schüttest du die Schwarzwurzelstücke ab und gibst sie in die Pfanne.
- Jetzt gießt du so viel leicht gesalzenes Wasser (oder auch eine leichte Gemüsebrühe) dazu, dass die Gemüsestücke so gerade eben bedeckt sind. Drehe den Herd auf volle Leistung und bringe alles zum Kochen.
- Reduziere die Hitze etwas (aber nur ein bisschen) und lasse die Schwarzwurzeln bei mittlerer bis starker Hitze garen. Es dauert ungefähr 10 Minuten, bis das Wasser verdunstet und das Gemüse gar ist.
- Währenddessen hackst du die Petersilie fein.
- Jetzt musst du aufpassen. Der Herd bleibt auf hoher Leistung, die Schwarzwurzeln beginnen zu brutzeln und ein klebriger Belag bildet sich in der Pfanne. Lasse ihn leicht bräunen, aber auf keinen Fall anbrennen. Dabei karamellisiert der in den Wurzeln enthaltene Zucker und der gewünschte süßlich-nussige Geschmack entsteht. Das dauert insgesamt nur wenige Minuten.
- Nimm die Pfanne vom Herd, würze mit ein paar Umdrehungen aus der Pfeffermühle und der gehackten Petersilie. Rühre einmal kurz um und streue dann ein paar grobe Salzkristalle über das Gemüse.

Ziehe Gummihandschuhe an. Die Schwarzwurzeln sondern einen klebrigen Saft ab, der sich an der Luft auch noch braun verfärbt. Du kriegst ihn nur mit viel Mühe wieder von den Fingern ab. Besteck und Geschirr sind unproblematisch.

Das grobe Salz macht kleine Salzexplosionen auf der Zunge und bildet so einen schönen Kontrast zu dem relativ süßen Gemüse.

OCHSENSCHWANZ-RAGOUT

3 EL Öl
1,5–2 kg Ochsenschwanz (das meiste davon sind Knochen)
1 Zwiebel
2 Möhren
750 ml Rinderfond
1 kleine Kartoffel
1 TL Majoran
2 EL Worcestersauce
Salz, Pfeffer

Du solltest ungefähr 3 Stunden vor dem geplanten Essen anfangen.
Anfangs hast du etwa 15–20 Minuten zu tun und zum Schluss noch einmal rund 45 Minuten. Dazwischen kannst du das Fleisch sich selbst überlassen.

Ochsenschwanz kennen die meisten nur als kräftige klare Brühe. Dabei ist ein Ragout aus dem dunklen Fleisch mindestens genauso lecker und mit Sicherheit viel nahrhafter. Das Ragout ist sehr einfach in der Zubereitung; du musst aber ziemlich viel Zeit einplanen. Dafür schmeckt es dann auch noch am nächsten Tag, denn die Menge reicht für 4 bis 6 Portionen.

→ Erhitze das Öl in einem großen Schmortopf und brate die Ochsenschwanzstücke darin 5 Minuten bei starker Hitze kräftig an. Das Fleisch soll ordentlich braun werden.

Achte darauf, dass die Stücke nicht übereinander liegen, denn dann klappt's nicht mit dem Anrösten. Falls der Topf nicht groß genug ist, brätst du portionsweise.

→ Währenddessen würfelst du Zwiebel und Möhren grob. Gib sie zum Fleisch und röste sie kräftig mit. Lösche mit dem Rinderfond ab und bringe alles wieder zum Kochen.
→ Schäle die Kartoffel und würfle sie. Gib sie in die Brühe (es ist egal, ob sie schon kocht oder nicht).
→ Würze mit dem Majoran, der Worcestersauce, Salz und Pfeffer und mische alles gut durch.
→ Reduziere die Hitze auf ein Minimum, so dass die Brühe so gerade eben zwischen leisem Köcheln und Nicht-Köcheln hin und her schwankt und überlasse sie zugedeckt für 1,5 Stunden sich selbst.
→ Nimm den Deckel ab, rühre einmal gut um, erhöhe die Hitze etwas und lasse den Ochsenschwanz offen weitere 30 Minuten garen, bis das Fleisch ganz zart ist und fast von selbst vom Knochen fällt.
→ Lasse alles in der Brühe etwas abkühlen. Nimm die Ochsenschwanzstücke heraus und gieße die Brühe durch ein Sieb. Bringe sie bei starker Hitze zum Kochen und lasse sie in ca. 30 Minuten dicklich einkochen. Dabei entsteht ganz von selbst eine köstliche konzentrierte Sauce.
→ Während die Sauce einreduziert, löst du das Fleisch von den Knochen.

Das geht am besten, wenn das Fleisch noch heiß ist, und dauert länger, als man denkt. Die Schwanzknochen sind ziemlich kurvig und es ist nicht ganz einfach, alles Fleisch abzufieseln.

→ Gib das Fleisch zur Sauce, lasse es in ein paar Minuten wieder richtig heiß werden und serviere.

Dazu passen Salzkartoffeln, Kartoffelbrei, Knödel oder Polenta.

WIRSINGROULADEN MIT KIRSCHSAUCE

Vor vielen Jahren habe ich dieses Gericht in einem polnischen Lokal mit dem Namen »Wodka« gegessen. Dazu gab's ... na was wohl. Was nicht unbedingt gut für die Erinnerung ist, aber ich habe das Rezept trotzdem nachgekocht.

- → Weiche die Kirschen in etwas Wasser ein.
- → Setze einen großen Topf mit Salzwasser auf.
- → Löse 12–14 schöne Wirsingblätter vorsichtig vom Kopf ab. Lege sie in das kochende Wasser und lasse sie 2–3 Minuten kochen. Gieße sie ab, lasse sie etwas abkühlen und abtropfen. Schneide die dicken Blattrippen mit einem scharfen Messer flach.
- → Würfele die Zwiebel sehr fein und vermische sie mit den Gewürzen, dem Ei, den Semmelbröseln und dem Hackfleisch, so dass eine homogene Masse entsteht.
- → Forme aus ca. 3 EL Hackfleisch einen Kloß und wickle ihn in ein Wirsingblatt ein. Das wiederholst du 11 Mal, bis das Hackfleisch aufgebraucht ist.
- → Würfle den Speck fein und erhitze ihn zusammen mit dem Butterschmalz in einer sehr großen Pfanne. Wenn er zu brutzeln beginnt, legst du die Rouladen mit der untergeschlagenen Seite nach unten hinein und brätst sie bei mittlerer Hitze 2–3 Minuten an. Drehe die Rouladen um, bräune sie auf der Oberseite 1 Minute leicht an und drehe sie dann wieder zurück.
- → Lösche mit der Gemüsebrühe ab, bringe alles zum Kochen und reduziere die Hitze. Die Rouladen sollen jetzt 45 Minuten vor sich hin schmurgeln. Kontrolliere hin und wieder, ob noch genügend Flüssigkeit vorhanden ist und gieße bei Bedarf etwas Brühe oder Wasser nach. Stelle die fertigen Rouladen warm.
- → Gieße die Kirschen mitsamt dem Einweichwasser in die Pfanne und lasse alles aufkochen.
- → Rühre etwas Kartoffelstärke mit kaltem Wasser an und gib löffelweise so viel zu der kochenden Brühe, bis sie abbindet. Lasse die Sauce noch ein paar Minuten ziehen.
- → Lege die Rouladen auf eine Servierplatte, gieße ein bisschen Sauce an und fülle den Rest Sauce in eine Schüssel. Serviere heiß.

Eine Schritt-für-Schritt-Anleitung findest du auf dreiminutenei.de/wirsingrouladen.

50 g getrocknete Kirschen
1 Wirsing von etwa 1 kg
1 Zwiebel
2 TL Salz
2 TL Majoran
1 TL Pfeffer
½ TL Muskatnuss
1 Ei
3–4 EL Semmelbrösel
500 g Hackfleisch (vom Schwein oder gemischt)
100 g durchwachsener Speck
2 EL Butterschmalz
125 ml Gemüsebrühe
1 TL Kartoffelstärke

Wirsingrouladen sind aufwendig: Du hast etwa 45–60 Minuten zu tun.
Garzeit noch mal 45–60 Minuten.

ALLTAGSKÜCHE MIT PFIFF

Man kann nicht jeden Tag etwas Besonderes kochen. Oder doch? Ich gebe gerne zu, dass die hier vorgestellten Rezepte nichts sind, das man mal eben so schnell macht, sozusagen zwischen Mantel aufhängen und Tagesschau einschalten. Aber du kannst sie alle nachkochen, ohne dass besonders viel Mühe oder Erfahrung notwendig ist.

Und du brauchst auch nicht die halbe Stadt nach besonderen Zutaten abzusuchen, sondern bekommst alles im Supermarkt um die Ecke.

Die meisten Rezepte sind relativ unspektakulär, haben aber alle einen kleinen Dreh, der sie aus der fantasielosen Standardmasse heraushebt. Oder hast du schon mal Bratkartoffeln mit Honig gegessen? Schon mal daran gedacht, Parmesanspäne ans Rührei zu tun und mit Spinat zu einem Omelette zu verarbeiten? Oder die wahrscheinlich roteste Suppe der Welt zu kochen?

BRATKARTOFFELN
MIT HONIG UND BASILIKUM

Bratkartoffeln mit Honig sind eine ungewöhnliche Beilage zu Wild oder anderem dunklen Fleisch. Sie schmecken aber auch erstaunlich gut zu gegrillter Dorade. Oder du servierst sie als kreatives vegetarisches Hauptgericht. Oder du probierst mal Ahornsirup statt Honig, dann ist es sogar vegan.

750 g Pellkartoffeln vom Vortag
4 EL Butterschmalz (oder Olivenöl für eine vegetarische und geschmacklich leicht andere Variante)
2 EL Honig oder Ahornsirup
1 Bund Basilikum
Pfeffer
Grobkörniges Salz

Du solltest die Kartoffeln am Vortag kochen und pellen.
Die Bratkartoffeln brauchen 15–20 Minuten.

- Koche die Kartoffeln gar und pelle sie. Das geht am besten, wenn ie noch heiß sind. Lasse sie abkühlen und hebe sie bis zum nächsten Tag auf.
- Schneide die Kartoffeln in Stücke oder Scheiben.
- Erhitze das Fett in einer großen Pfanne und brate die Kartoffeln darin bei bei mittlerer Hitze 10–15 Minuten, bis sie schön braun sind.
- Für die Kruste ist übrigens auch die Stärke verantwortlich: Durch das starke Erhitzen karamellisiert sie, wird schön braun und kross und die begehrten Röstaromen entstehen.
- Träufle den Honig darüber, rühre einmal um und lasse alles miteinander auf der ausgeschalteten Herdplatte durchziehen, während du das Basilikum von den Stängeln zupfst und in Streifen schneidest.
- Würze die Kartoffeln mit frisch gemörsertem Pfeffer und grobkörnigem Salz (z.B. Maldon-Salz).
- Unmittelbar vor dem Servieren bestreust du die Kartoffeln mit den Basilikumstreifen und servierst.

Wende sie frühestens nach 5 Minuten und auch danach nicht häufiger, damit sie nicht anbacken und eine schöne Kruste entsteht.

Salz und Pfeffer dürfen nicht zu fein sein – wir wollen keine gleichmäßige Schärfe, sondern kleine Pfeffer- und Salzexplosionen auf der Zunge, die einen schönen Kontrast zu den Honigkartoffeln bilden.

Jetzt kommt ein längerer Ausflug in die Küchenchemie. Fürs Rezept ist er völlig irrelevant, aber vielleicht interessiert's dich ja.
Entgegen einem weit verbreiteten Irrglauben dürfen rohe Kartoffeln durchaus im Kühlschrank aufbewahrt werden. Sie sollten nur nicht kälter als 4 °C werden oder gar eingefroren werden, weil sich dabei die Stärke zu Zucker umbaut und die Kartoffeln eklig süß würden. Bei gekochten Kartoffeln ist das anders, denn die Stärke hat sich durch das Kochen schon stabilisiert. Die Stärke ist auch der Grund, warum du die Kartoffeln am Vortag kochen solltest: Die Stärke quillt noch etwas auf, die Kartoffeln werden fester und lassen sich besser schneiden.

COQ AU CIDRE

1,8 kg Hähnchen
2 Schalotten
2 EL Butterschmalz
2 EL Zucker
2 Lorbeerblätter
1 Zweig Salbei
3 Zweige Thymian
500 ml herber Cidre
100 g durchwachsener Speck
3 säuerliche Äpfel
Salz, Pfeffer

Insgesamt solltest du 2 Stunden einrechnen. Davon sind 30 Minuten Arbeit.

Coq au vin mit Rot- oder Weißwein kennt jeder. Mit Cidre und Äpfeln bekommt der Klassiker noch einmal eine ganz besondere Note. Achte unbedingt darauf, herben Cidre und feste säuerliche Äpfel zu nehmen, sonst geht die feine Fruchtigkeit in süßem Brei unter.

- → Teile das Hähnchen in Stücke (Schlegel, Flügel, Brust, Rücken). Pelle die Schalotten und hacke sie fein.
- → Brate die Hähnchenteile in Butterschmalz von allen Seiten goldgelb an. Das dauert insgesamt etwa 10–15 Minuten. Wenn sie fast fertig sind, kommen die Schalottenwürfel dazu.
- → Streue den Zucker über das Fleisch und lasse ihn in ein paar Minuten karamellisieren.
- → Nimm die Brüste aus dem Topf und stelle sie für später beiseite. Sie sollen nicht so lange kochen, damit sie nicht trocken werden.
- → Gib die Gewürze in den Topf, fülle mit Cidre auf und bringe alles zum Kochen. Reduziere dann die Hitze, bis die Brühe bei geschlossenem Deckel knapp unter dem Siedepunkt bleibt, und lasse das Fleisch in 45 Minuten fast gar ziehen.
- → Würfele den Speck, viertele, entkerne und schäle die Äpfel. Gib Äpfel und Speck sowie die Hühnerbrust in den Topf und lasse alles noch einmal 20–30 Minuten ziehen.
- → Schmecke mit Salz und Pfeffer ab. Rühre nur sehr vorsichtig um, damit die Äpfel nicht zerfallen.
- → Serviere zu knusprigem Weißbrot.

Wenn du dir die Arbeit sparen möchtest, kannst du auch 4 Hähnchenkeulen, ein paar Flügel und 2 Hühnerbrüste kaufen. Ausschließlich Hühnerbrust ist nicht geeignet, da sie zu schnell trocken wird und nicht viel Geschmack hat.

Achte darauf, dass der Zucker nicht zu braun wird, denn dann schmeckt er bitter. Goldgelb ist auch hier die Farbe der Wahl.

FELDSALAT
MIT LINSEN

Linsen sind eine unglaublich nahrhafte, gesunde und preiswerte Sache. Wer sie nur als Pampe aus der Dose oder der Kantinen-Großküche kennt, hat echt was verpasst. Probiere sie mal nur knapp knackig gegart, mit ein paar frischen Zutaten als Salat.

300 g kleine Linsen (Beluga-, Puy- oder Berglinsen eignen sich am besten)
3 Möhren
1 Zwiebel
1 Knoblauchzehe
1 rote Paprika
2 Tomaten
250 g Feldsalat
10 EL Olivenöl
4 EL Essig
Salz, Pfeffer
Ca. 100 g Feldsalat zum Servieren

Die Linsen quellen über Nacht. Die eigentliche Zubereitung dauert etwa 1 Stunde.

- Lasse die Linsen über Nacht quellen.
- Gieße das Einweichwasser ab und koche die Linsen in frischem Wasser gar. Sie sollten noch etwas Biss haben. Bei den kleinen Linsensorten dauert das nur knappe 10 Minuten. Wenn sie gar sind, schöpfst du 4 EL von dem Kochsud ab und gießt die Linsen in ein feines Sieb.
- Während die Linsen garen, schneidest du schon mal die Möhren in kleine Würfel (5–7 mm stark), würfelst die Zwiebel fein und hackst den Knoblauch. Gib die Möhren in kochendes Wasser und gare sie in gut 5 Minuten bissfest. Kurz vor Schluss gibst du die Zwiebeln und den Knoblauch dazu, damit sie auch ein wenig gar werden. Nimm 4 EL von dem Gemüsesud ab und schütte die Möhren ab.
- Würfle die Paprika und die Tomaten so groß oder so fein, wie es dir gefällt.
- Rühre aus dem Linsen- und Möhrensud, Öl, Essig, Salz und Pfeffer ein kräftige Marinade zusammen und mische sie mit dem Gemüse und den Linsen. Lasse alles ungefähr 10 Minuten ziehen.
- Wasche den Feldsalat gründlich, bis kein Sand mehr im Wasser ist. Schleudere ihn sorgfältig trocken und richte ihn auf einer großen Platte an.
- Schmecke das Linsengemüse noch einmal ab (es sollte leicht säuerlich sein) und verteile es auf dem Salat. Serviere sofort, damit der Salat nicht matschig wird.
- Dazu gibt's frisches Weißbrot, und schon hast du ein leckeres Abendessen gezaubert. Oder eine gehaltvolle Vorspeise.

Einweichen vergessen? Nicht so schlimm, dann kochen die Linsen halt ein bisschen länger (20–25 Minuten). Es wird aber mehr Stärke ausgeschwemmt und die Linsen werden wahrscheinlich ein bisschen pampiger.

Der Salat ist übrigens auch partytauglich, denn du kannst alles vorbereiten. Hebe die gegarten und rohen Zutaten sowie das Dressing getrennt auf. Erst kurz vor der Party mischst du das Dressing mit den Gemüsen und den Linsen.

HÄHNCHEN
MIT REIS, SPINAT UND KORIANDER

Das Besondere an diesem Gericht, das ursprünglich aus Peru stammt, ist der Spinat, der hier mal nicht als Gemüse, sondern als Farbstoff und Gewürz verwendet wird.

1 Hähnchen von ca. 1,2 kg oder eine entsprechende Menge Hähnchenschenkel
Olivenöl
1 Bund Koriander
100 g Spinat
½ rote Paprika
2 Möhren
2 Knoblauchzehen
100 g Erbsen (frisch oder tiefgekühlt)
1 TL Cayennepfeffer oder scharfes Paprikapulver
500 g Kurzkornreis (kein Rundkornreis)
250 g Joghurt
1 TL Kreuzkümmel
Salz, Pfeffer

Mit diesem Gericht bist du 90 Minuten beschäftigt.

→ Wasche das Hähnchen, tupfe es trocken und zerlege es in 8 Portionen. Brate die Teile in einem großen Topf in 2 EL Olivenöl, bis sie goldbraun und fast gar sind.

→ Zupfe die Blätter vom Koriander und püriere sie zusammen mit dem Spinat und 125 ml Wasser zu einem feinen Brei.

→ Schneide die Paprika in ca. 5 mm große Würfel, die Möhren in etwas kleinere. Hacke den Knoblauch fein. Dünste Paprika, Möhren, Knoblauch und Erbsen in 1 EL Olivenöl etwa 5 Minuten an, würze dann mit dem Cayennepfeffer.

→ Gieße den Spinat-Korianderbrei dazu und lasse alles noch einmal 5 Minuten garen. Gib dann die angebratenen Hähnchenteile dazu. Mische alles gut durch. Gieße etwa ½ l Wasser dazu, bringe alles zum Kochen und schalte dann den Herd auf niedrigste Stufe. Das Hähnchenfleisch braucht jetzt noch ungefähr 15 Minuten, bis es gar und zart ist.

→ Nimm das Hähnchenfleisch aus dem Sud und stelle es warm.

→ Bringe den Sud wieder zum Kochen, gib den Reis dazu und so viel heißes Wasser, dass es etwa 3 cm über dem Reis steht. Koche den Reis bei offenem Deckel 5–10 Minuten. Jetzt sieht es so aus, als ob der Reis fast alle Flüssigkeit absorbiert hat.

→ Schalte den Herd wieder auf niedrigste Stufe, lege den Deckel auf den Topf und lasse den Reis in weiteren 15 Minuten ausquellen, bis er gar ist.

→ Während der Reis gart, würzt du den Joghurt mit 1 TL Kreuzkümmel und 1 EL Olivenöl sowie etwas Salz und Pfeffer.

→ Wenn der Reis fertig ist, häufst du ihn auf eine Servierplatte und richtest das Hähnchenfleisch darauf an. Der gewürzte Joghurt kommt in ein Extra-Schälchen.

Du brauchst wirklich einen sehr großen Topf, denn die Fleischteile müssen nebeneinander liegen. Sonst werden sie nicht braun und ziehen Wasser.

ERBSENEINTOPF
MIT PARMASCHINKEN UND SALATSTREIFEN

Frische grüne Erbsen sind ein herrliches Sommergemüse. Mit Salatstreifen sind sie eine klassische Beilage in der französischen Küche. Hier lassen wir ihnen den Hauptauftritt und servieren sie mit feinem Parmaschinken als Erbseneintopf der besonderen Art.

600 g frische Erbsen (ohne Hülsen gewogen) oder aus der Tiefkühltruhe
2 Schalotten
1 Knoblauchzehe
1 kleine Stange Lauch
100 g Parmaschinken
½ Kopfsalat
60 g Butter
800 ml Gemüsebrühe
1 TL Thymian
1 Prise Muskatnuss
4 EL sehr gutes Olivenöl

Du bist 30 Minuten mit der Zubereitung beschäftigt, plus 20–30 Minuten mit dem Enthülsen der Erbsen.

- Drücke die frischen Erbsen aus den Schoten.
- Pelle die Schalotten und den Knoblauch und hacke beides fein. Putze den Lauch, wasche ihn gründlich und schneide ihn in erbsengroße Stücke.
- Rolle die Schinkenscheiben längs auf und schneide sie dann in feine Röllchen.
- Putze und wasche den Salat und schneide ihn in feine Streifen. Dicke Blattadern solltest du längs halbieren, damit sie später nicht hart bleiben, oder ganz entfernen.
- Schäume die Butter in einem großen Topf auf. Dünste die Schalotten, den Knoblauch und den Lauch darin sanft an. Die Zwiebeln sollen glasig, dürfen aber auf keinen Fall braun werden.
- Gieße die Gemüsebrühe dazu, würze mit Thymian und frisch geriebenem Muskat und bringe alles zum Kochen.
- Gib die Erbsen und Schinkenröllchen zu der Brühe und lasse alles etwa 5 Minuten köcheln.
- Kurz vor dem Anrichten mischst du die Salatstreifen unter die Brühe. Sie darf jetzt nicht mehr kochen und sollte auch nicht zu lange auf dem Herd bleiben, damit der Salat knackig bleibt.
- Verteile den Eintopf auf Teller oder Schalen. Träufle je 1 EL Olivenöl darüber und serviere sofort.

Für 600 g frische Erbsen musst du ungefähr 1,5 kg Schoten kaufen.

Falls du TK-Erbsen verwendest, gibst du die Erbsen tiefgekühlt in die kochende Brühe und den Schinken erst dann, wenn's mit den Erbsen wieder kocht.

Wenn du Glück hast, findest du im Sommer frischen Kerbel beim Kräuterhändler. Hacke 1 Bund dieses delikaten Krauts und verteile es unmittelbar vor dem Servieren auf die Teller. Kerbel darf nicht kochen und nicht lange stehen, da er sehr schnell sein köstliches Aroma verliert.

Dazu passt knusprig-frisches Baguette.

OMELETTE
MIT SPINAT UND PARMESAN

125 g frischer Spinat
1 Schalotte
1 Knoblauchzehe
50 g Parmesan
Olivenöl
6 Eier
Salz, Pfeffer, Muskatnuss

In 20 Minuten stellst du ein herzhaftes Frühstück oder kleines Mittag- oder Abendessen auf den Tisch.

Die Franzosen nennen es Omelette, die Italiener Frittata. Gemeint ist immer das Gleiche: eine kräftige Mischung aus Gemüse und gestockten Eiern. Hier gibt Parmesan dem Ganzen eine italienische Note.

- Heize den Backofen auf 180 °C vor.
- Wasche den Spinat und schleudere ihn trocken. Wenn die Blätter sehr groß sind, solltest du sie grob hacken, besonders die Stiele.
- Würfle die Schalotten und hacke den Knoblauch fein. Hoble den Parmesan in grobe Späne.
- Dünste die Zwiebeln in etwas Olivenöl bei niedriger Hitze, bis sie glasig sind. Sie dürfen nicht braun werden. Das dauert etwa 5 Minuten; kurz vor Schluss wirfst du noch den Knoblauch dazu.
- Gib die Spinatblätter in die Pfanne und lasse sie etwas zusammenfallen.
- Währenddessen verquirlst du die Eier mit ½ TL Salz, etwas frisch gemahlenem Pfeffer und etwas frisch geriebener Muskatnuss.
- Verteile das Gemüse gleichmäßig in der Pfanne und gieße vorsichtig die Eiermischung dazu. Verteile die Parmesanspäne darauf. Lasse die Mischung – ohne Umrühren! – in 8–10 Minuten stocken.
- Sobald die Eiermischung fest geworden ist (ganz oben drauf ist sie noch ein bisschen schwabbelig), schiebst du sie in den vorgeheizten Backofen. Dort backt sie in weiteren 5 Minuten gar und wird dabei auf der Oberfläche ein klein wenig braun.
- Nimm die Pfanne aus dem Backofen und lasse den Eierkuchen auf eine große Platte gleiten. Schneide ihn in 8 oder 12 Tortenstücke und serviere.

Dazu passt mittags und abends ein kräftiger gemischten Blattsalat. Morgens ist Tee das Getränk der Wahl. Das Omelette schmeckt warm oder kalt gleich gut.

Du kannst auch Blattspinat aus der Tiefkühltruhe nehmen. Der muss vor der Verwendung aufgetaut werden – am besten in einem feinen Sieb, damit er abtropfen kann.

TK-Spinat muss nur ein bisschen warm werden.

Habe Geduld! Der Herd muss unbedingt auf niedriger Hitze bleiben, damit die Eier nicht anbrennen. Während die Eier fest werden, kannst du dich ja schon mal mit einem Beilagensalat beschäftigen.

Du kannst sehr schön beobachten, wie das Ei im Ofen aufgeht. Fast wie ein Soufflé – leider fällt das alles wieder in sich zusammen, wenn du die Pfanne aus dem Ofen nimmst.

SALAT VON KICHERERBSEN, TOMATEN UND ROTER PAPRIKA

6 reife Tomaten
2 rote Paprika
Olivenöl
400 g Kichererbsen aus der Dose
1 Bund glatte Petersilie
1 TL Salz
1 TL Pfeffer

Der Salat ist in wenigen Minuten zubereitet. Insgesamt brauchst du etwa eine halbe Stunde, da das Gemüse 20 Minuten in den Backofen muss.

Hülsenfrüchte sind ein traditionelles Arme-Leute-Essen, denn sie sind nahrhaft und gesund. Früher hatte man sie im eigenen Garten, heute gibt es sie verhältnismäßig preiswert getrocknet im Supermarkt. Dass Kichererbsen auch köstlich sind, weiß jeder, der schon mal Hummus probiert hat. In dem hier vorgestellten Salat kommt ihr fein-nussiges Aroma wunderbar zur Geltung.

- Heize den Backofen auf 190 °C vor.
- Halbiere oder viertele die Tomaten (je nach Größe) und entferne die Kerne. Schneide die Paprikaschoten in Stücke (ungefähr gleich groß wie die Tomaten und natürlich auch ohne Kerne).
- Lege beides in eine leicht eingeölte Form und backe das Gemüse im vorgeheizten Ofen 20 Minuten.
- Während Tomaten und Paprika im Ofen vor sich hin garen, kannst du den Rest vorbereiten.
- Gieße die Kichererbsen in ein Sieb und brause sie gründlich ab, bis kein Schleim mehr daran haftet.
- Hacke die Petersilie grob.
- Vermische die Kichererbsen, die Petersilie, die leicht abgekühlten Tomaten und Paprika miteinander, würze mit Salz und Pfeffer und gib zum Schluss einen ordentlichen Schuss Olivenöl dazu.

Dazu passt ein Stück Fladenbrot.

Durch das Garen wird die Paprika noch süßer und beide Gemüse entfalten ihr volles Aroma. Außerdem werden sie etwas weicher – roh wäre der Kontrast zu den Kichererbsen zu groß.

Kichererbsen gehören zu den wenigen Lebensmitteln, die auch aus der Dose akzeptabel sind. Du kannst natürlich auch selbst gekochte verwenden: Weiche etwa 200 g getrocknete Kichererbsen 1 Tag vorher in reichlich Wasser ein, gieße das Einweichwasser weg und koche sie in frischem Wasser in 30–45 Minuten weich.

HERBSTLICHER EINTOPF
MIT WIRSING, MÖHREN UND SCHWEINEFILET

Sternanis und Birnen machen diesen Wirsingeintopf zu etwas Besonderem. Statt Schweinefilet kannst du auch grobe Bratwürstchen einlegen. Oder mit Fenchel gewürzte italienische Salsicce.

500 g Wirsing
300 g Möhren
3 EL Butter
1 Bund Frühlingszwiebeln
1 l Gemüsebrühe (selbst gekocht oder ein gutes Fertigprodukt)
2 EL Dijon-Senf
2 Stück Sternanis
500 g Schweinefilet
1 kleine Handvoll Petersilie (ergibt gehackt ungefähr 3 EL)
1 kleine, nicht zu weiche Birne
Salz, Pfeffer
Etwas Zitronensaft

Du verbringst 60 entspannte Minuten am Herd.

- → Schneide den Wirsing in ungefähr 2 cm breite Streifen.
- → Schäle die Möhren und schneide sie sehr schräg in ungefähr 5 mm dicke Scheiben.
- → Dünste die Möhrenscheiben knapp 5 Minuten in der Butter an (bei mittlerer Hitze), gib die Kohlstreifen dazu und lasse sie weitere 5 Minuten mitdünsten.
- → Währenddessen putzt du die Frühlingszwiebeln und schneidest das Weiße und ungefähr die Hälfte des Grünen in Ringe. Gib das Weiße zu Möhren und Wirsing und stelle das Grüne für später beiseite.
- → Gieße die Brühe an und bringe alles miteinander bei mittlerer Hitze zum Kochen. Würze mit 1 ½ EL Dijon-Senf und dem Sternanis. Lasse alles miteinander 5–10 Minuten sanft köcheln.
- → Währenddessen befreist du das Schweinefilet von allen Fettresten und Häutchen. Lege das Fleisch in die Suppe. Es sollte so gerade eben bedeckt sein. Lasse das Fleisch 20 Minuten gar ziehen.
- → Ungefähr zur Hälfte der Garzeit hackst du die Petersilie fein, schneidest die Birne in Spalten und gibst beides zusammen mit dem Zwiebelgrün zum Fleisch und Gemüse.
- → Schneide das Fleisch in ungefähr 5 mm dicke Scheiben.
- → Schmecke den Eintopf mit etwas mehr Senf, Salz, Pfeffer und ein paar Spritzern Zitronensaft ab. Schöpfe ihn in tiefe Teller oder Schalen und richte das Fleisch darauf an.

▶ Ein normal großer Wirsing hat 1–1,5 kg Gewicht; davon geht noch etwas weg, weil du die äußeren groben Blätter und den dicken Strunk in der Mitte entfernst. Kleinere sind kaum zu kriegen. Am besten schneidest du den kompletten Wirsing und frierst ein, was du nicht für den Eintopf verwendest.

▶ Die Suppe darf jetzt nicht mehr kochen, sondern soll nur so um den Siedepunkt herum pendeln – sonst wird das Fleisch zäh und das viele Geld, das du (hoffentlich beim Bio-Metzger) dafür ausgegeben hast, war umsonst.

LACHSFILET
MIT BALSAMICO-ZWIEBELGEMÜSE

3 rote Zwiebeln
2 Knoblauchzehen
4 EL Olivenöl
8 getrocknete Tomaten
100 ml Gemüsebrühe
4 EL Balsamico
1 unbehandelte Zitrone
4 Lachsfilets à 180 g
Salz, Pfeffer
2 EL Butter
1 EL Honig
Cayennepfeffer

Für die schnelle Variante brauchst du 30 Minuten. Oder du lässt die Zwiebeln bis zu 2 Stunden zu einer köstlichen Marmelade verköcheln und brätst dann in wenigen Minuten den Fisch dazu.

Dieses Rezept ist einer der Gründe, warum ich dreiminutenei.de begonnen habe. Etwas Ähnliches habe ich vor langer Zeit in einem Heftchen gefunden, das Abendessen versprach, die angeblich in 15 Minuten zubereitet werden können. Jetzt bin ich nicht gerade ungeübt, aber in einer Viertelstunde ist das nicht zu machen. Der Trick: Der ursprüngliche Autor hat einfach »in feine Streifen geschnittene Zwiebeln«, »abgeriebene Zitronenschale« usw. in die Zutatenliste geschrieben. Als ob man das fertig kaufen könnte. So etwas regt mich auf. Hier ist nun meine Interpretation dieses Rezepts – mit fair berechneten Zeitangaben.

- Schneide die Zwiebeln in möglichst feine Streifen und den Knoblauch in möglichst dünne Scheiben. Dünste beides in 2 EL Olivenöl bei mittlerer Hitze an, bis die Zwiebeln glasig sind. Das dauert etwa 5 Minuten, je nachdem wie dünn du sie geschnitten hast.
- Schneide die getrockneten Tomaten in Streifen. Gib sie zusammen mit der Gemüsebrühe und dem Balsamico zu den Zwiebeln. Koche die Mischung einmal kurz auf, reduziere dann die Hitze und lasse das Zwiebelgemüse mindestens 10 Minuten köcheln.
- Reibe die Zitronenschale ab.
- Würze die Lachsfilets mit Zitronenschale, Salz und Pfeffer.
- Brate den Fisch in einer Mischung aus 2 EL Öl und 2 EL Butter bei mittlerer Hitze 2 Minuten von jeder Seite.
- Schmecke das Zwiebelgemüse mit Honig, Salz und Cayennepfeffer ab, verteile es auf Teller und richte die gebratenen Lachsfilets darauf an.

Zwiebeln und Knoblauch dürfen nicht braun werden.

Oder 2 Stunden. Dann wird's eine köstliche Zwiebel-Marmelade, die zu allem Möglichen passt.

Das reicht völlig aus. Wenn die Filets länger in der Pfanne bleiben, werden sie trocken und faserig.

ROTE TOMATEN-PAPRIKA-SUPPE
MIT ROSMARIN UND ZITRONE

Die wahrscheinlich roteste Suppe der Welt!

4 rote Paprika
2 Knoblauchzehen
1 kleine rote Zwiebel
2 EL Olivenöl
400 g Dosentomaten
2 Zweige Rosmarin (getrockneter Rosmarin ist nicht geeignet)
1 unbehandelte Zitrone
50 g schwarze Oliven (mit Stein gewogen)
300 g griechischer Sahnejoghurt
Salz, Pfeffer

Du solltest etwa 75 Minuten Zeit einkalkulieren. Davon hast du fast die Hälfte nichts zu tun außer zu warten.

- Heize den Backofen auf Grillstufe vor.
- Halbiere und entkerne die Paprikaschoten. Lege sie mit der Hautseite nach oben auf ein mit Alufolie ausgelegtes Backblech und schiebe sie unter den Grill (mittlere Schiene). Nach etwa 30 Minuten wirft die Haut Blasen und ist stellenweise schwarz geworden.
- Während die Paprika im Ofen ist, kannst du schon mal den Knoblauch und die Zwiebel pellen. Schneide die Zwiebel in Würfel (auf die Größe kommt's nicht so genau an) und quetsche den Knoblauch etwas, damit er sein Aroma leichter freigibt.
- Dünste beides in etwas Olivenöl bei mittlerer Hitze an, bis die Zwiebeln glasig sind. Das dauert ungefähr 5 Minuten. Weder Zwiebeln noch Knoblauch dürfen braun werden!
- Gib die Tomaten dazu, bringe sie mit 750 ml Wasser zum Kochen und reduziere die Hitze, so dass die Suppe nur leicht köchelt.
- Wenn die Paprikaschoten fertig sind, schiebst du sie in eine Schüssel, die du sofort mit Frischhaltefolie verschließt. Lasse die Paprika etwa 10 Minuten schwitzen. Ziehe dann die Haut ab und schneide das Fruchtfleisch in grobe Stücke.
- Die Paprikastücke gibst du sie zu den Tomaten und lässt alles miteinander etwa 30 Minuten köcheln. Püriere die Suppe und schmecke mit Salz und Pfeffer ab.
- Während die Suppe gart, zupfst du die Nadeln vom Rosmarin und hackst sie fein. Reibe die Zitronenschale ab. Entsteine die Oliven und viertele sie.
- Schöpfe die Suppe in Schalen oder tiefe Teller, garniere mit einem ordentlichen Klacks Joghurt, den Oliven und bestreue sie mit Rosmarin und Zitronenschale.

Schaue nach 20 Minuten mal, wie weit die Paprika sind. Meistens ist der Backofen nicht überall gleich heiß, so dass du die Stücke etwas umsortieren solltest, damit sie gleichmäßig bräunen.

Die Suppe soll ziemlich dick sein. Wenn dich das zu sehr an Babybrei erinnert, gieße noch etwas Wasser dazu.

MAN GÖNNT SICH JA SONST NICHTS

Manchmal muss es etwas Besonderes sein. Du möchtest jemanden beeindrucken – sei es die tolle Nachbarin (den tollen Nachbarn), seien es die Schwiegereltern. Drei Gänge müssen es schon sein, aber du willst auch nicht den ganzen Tag in der Küche stehen. Und schon gar nicht, während die anderen sich vergnügt am Tisch unterhalten.

Den Desserts ist ein eigenes Kapitel gewidmet. Für Vorspeisen und Hauptgerichte, die was hermachen, wirst du hier fündig.

Kaufe die besten Zutaten, die du kriegen kannst. Das gilt besonders für Fleisch: das 99-Cent-Sonderangebot aus dem Supermarkt kann nicht gut sein, und auf keinen Fall kann es aus artgerechter Haltung stammen. Ich will hier keine moralische Diskussion anfangen, aber meistens schmeckt's auch besser, wenn das Tier ein schönes Leben hatte, bevor es auf dem Teller landet.

Achte auf spannende Kombinationen: Farbkontraste sind was fürs Auge (und das isst ja bekanntlich mit). Der Gaumen freut sich an kontrastierenden Aromen: Etwas Süßes, etwas Salziges, ein wenig bitter und ein bisschen sauer gehören an jedes Gericht.

PIKANTER SALAT
MIT BIRNEN UND ZIEGENKÄSE

Dieser spektakulär aussehende und schmeckende Salat ist ein großartiger Einstieg in ein besonderes Essen. Er kann gut vorbereitet werden und ist überhaupt nicht kompliziert. Auch als Anfänger kannst du heftig Eindruck schinden. Aber nichts ist umsonst: Du bist ziemlich lange beschäftigt.

Je ½ TL Kreuzkümmel, Koriandersamen, Piment
1 TL Pfefferkörner
½ TL Muskatnuss
1 TL Zimtpulver
1 TL Salz
Olivenöl fürs Marinieren und fürs Dressing
500 g feste Birnen
1 Orange
2 EL Rotweinessig
50 g Pinienkerne
100 g Ziegenfrischkäse
50 g Parmesan
1 Zitrone
150 g gemischter Salat oder Rucola

Der Salat ist einfach zubereitet, braucht aber seine Zeit: 45 Minuten solltest du schon einkalkulieren.

→ Heize den Backofen auf 200 °C vor.
→ Zerstoße Kreuzkümmel, Koriandersamen, Piment und Pfeffer im Mörser zu feinem Pulver. Reibe ½ TL Muskatnuss ab. Vermische alle Gewürze in einer großen Schüssel mit 2 EL Olivenöl.
→ Schneide die Birnen in Spalten (Viertel oder Achtel, je nach Größe) und entferne das Kerngehäuse. Wenn Du's richtig edel haben willst, schälst du sie auch noch. Gib sie in die Schüssel mit dem Gewürzöl und vermische sie gründlich, aber vorsichtig miteinander. Die Birnen sollen gleichmäßig gewürzt werden, aber beim Mischen nicht zerbrechen.
→ Heize eine Grillpfanne vor und brate die Birnenspalten darin von jeder Seite gut 1 Minute an. Nimm sie aus der Pfanne und lege sie in einen Bräter oder eine feuerfeste Form. Presse die Orange aus, träufle den Orangensaft und den Rotweinessig über die Birnen und schiebe sie für 8–10 Minuten in den Backofen.
→ Während die Birnen im Ofen brutzeln, röstest du schon mal die Pinienkerne ohne Fett goldbraun, zerbröselst den Ziegenfrischkäse und hobelst den Parmesan mit einem Sparschäler in sehr dünne Scheiben.
→ Nach Ablauf der Garzeit hebst du die Birnen aus dem Bräter und legst sie beiseite. Sie sollen ein bisschen abkühlen, dürfen zum Essen aber noch warm sein.
→ Presse die Zitrone aus und vermische den Birnensaft aus dem Bräter mit der Hälfte des Zitronensaftes und 4–6 EL Olivenöl. Schmecke mit weiterem Zitronensaft, Salz und Pfeffer ab. Das Dressing kann ruhig recht sauer sein – die Birnen gleichen das wieder aus.
→ Kurz vor dem Servieren vermischst du alle Zutaten miteinander, verteilst den Salat auf Teller und bestreust ihn mit den gerösteten Pinienkernen.

Wenn du keine Grillpfanne hast, kannst du auch eine normale nehmen. Du musst aber ein bisschen mehr aufpassen, dass die Birnen nicht anbrennen. Und es gibt halt keine Streifen auf den Birnen. Dafür kannst du den Saft und den Essig gleich in die Pfanne schütten und diese in den Backofen schieben, wenn sie einen feuerfesten Griff hat.

KNUSPRIGE GORGONZOLA-FRIKADELLEN IN BIRNEN-SHERRY-BOUILLON

Die Mengenangaben in diesem Rezept sind für eine Vorspeise gedacht. Aber wenn du dir schon die Arbeit mit den Gorgonzola-Frikadellen machst – die doppelte Menge braucht nur unwesentlich länger und dann hast du eine vollständige Mahlzeit. Oder du wärmst den Rest am nächsten Tag im Backofen auf. Sie schmecken auch hervorragend zu einer kräftigen bunten Salatmischung.

- Schneide die Brötchen für die Frikadellen in ca. 1 cm große Würfel und röste sie in 1–2 EL Butterschmalz goldbraun an.
- Erhitze die Milch, bis sie fast kocht. Gib die gerösteten Brotwürfel hinein und rühre vorsichtig um, damit sie gleichmäßig angefeuchtet werden. Lasse sie 15–20 Minuten ziehen.
- Schneide die Zwiebel in feine Würfel, dünste sie in etwas Butterschmalz glasig und lasse sie wieder abkühlen. Hacke die Petersilie fein und reibe den Emmentaler. Stich von dem Gorgonzola kleine Stückchen ab. Schlage das Ei auf und gib es mit allen anderen Zutaten zu den Brotwürfeln.
- Vermenge die Zutaten vorsichtig: Es soll keine einheitliche Masse entstehen, sondern sie sollen sich nur locker miteinander verbinden.
- Lasse die Masse noch einmal ungefähr 15 Minuten ziehen.
- Während die Masse zieht, viertele, entkerne und schäle die Birnen.
- Gib sie zusammen mit der Fleischbrühe und dem Sherry in einen Topf und koche sie auf. Lasse sie 4–5 Minuten köcheln und halte die Bouillon warm, bis die Gorgonzola-Frikadellen fertig sind.
- Forme aus dem Frikadellenteig 8 flache Klößchen und brate sie bei mittlerer Hitze in heißem Butterschmalz von jeder Seite 3–4 Minuten, bis sie goldgelb und knusprig sind.
- Verteile die Bouillon auf tiefe Teller, gib je 2 Birnenviertel und Gorgonzola-Frikadellen hinein und garniere mit 1 oder 2 Zweigen Thymian.
- Serviere sofort, solange die Gorgonzola-Frikadellen noch knusprig sind.

Für die Gorgonzola-Frikadellen

2 Brötchen vom Vortag
6–8 EL Butterschmalz
75 ml Milch
½ Zwiebel
Etwas Petersilie (gehackt ungefähr 1 EL)
50 g Emmentaler
75 g Gorgonzola
1 Ei (Größe M)
Einige Stängel frischer Thymian zum Garnieren

Für die Bouillon

4 Birnen
500–750 ml Fleischbrühe (selbst gekocht oder gutes Fertigprodukt)
50 ml trockener Sherry

Von Start bis Ende dauert's 45 Minuten. Davon ist das meiste Warterei.

REHRÜCKENFILET
MIT PFIFFERLINGEN

300 g Pfifferlinge
1 Zwiebel
1 Knoblauchzehe
3 Zweige Rosmarin
6–8 Wacholderbeeren
Öl zum Braten
4 Rehrückenfilets zu je 150 g
125 g Sahne
Salz, Pfeffer

Fange etwa 45 Minuten vor dem Servieren mit den Vorbereitungen an.

Rehrückenfilets sind so ungefähr das Feinste und Teuerste, was man vom Wild kriegen kann. Man sollte sie auf keinen Fall mit dem obligatorischen Klacks Preiselbeeren verderben – die leicht bittere Süße würde den zart-würzigen Geschmack des Fleisches völlig übertünchen.

- Heize den Backofen auf 180 °C vor.
- Putze die Pfifferlinge. Entferne alle braunen oder matschigen Stellen sowie Erdreste, Tannennadeln und was sonst noch so daran klebt. Pelle die Zwiebel und würfle sie fein. Quetsche die Knoblauchzehe (die Schale kann dran bleiben).
- Erhitze die Rosmarinzweige und die Wacholderbeeren mit 2 EL geschmacksneutralem Öl in einer großen Pfanne. Schiebe sie zur Seite und brate das Fleisch scharf an – nicht länger als 1 Minute von jeder Seite.
- Nimm das Fleisch und die Gewürze aus der Pfanne, lege alles in eine feuerfeste Form und lasse das Fleisch im vorgeheizten Backofen 10–15 Minuten garen.
- Brate die Zwiebelwürfel, die zerquetschte Knoblauchzehe und die Pfifferlinge in der Pfanne, in der du das Fleisch angebraten hast. Lasse die Pilze bei starker Hitze im eigenen Sud garen.
- Nach etwa 5 Minuten ist der Sud verkocht. Gieße die Sahne zu den Pilzen und bringe sie zum Kochen. Reduziere die Hitze und lasse alles sanft vor sich hin köcheln, bis das Fleisch fertig ist. Schmecke mit Salz und Pfeffer ab.
- Verteile die Pfifferlinge auf vorgewärmte Teller und richte je 1 Rehrückenfilet darauf an. Serviere sofort. Als Beilage passen Schupfnudeln oder Spätzle.

Nach 10 Minuten ist das Fleisch noch rosa. Wenn Du's lieber »durch« hast, bleibt es 15 Minuten im Rohr.

Wenn du magst, kannst du ein bisschen fein gehackte Petersilie auf die Pfifferlinge streuen. Ich persönlich finde das eher überflüssig.

Je nach Metzger sind Rehrückenfilets unterschiedlich groß. Bei großen Stücken verlängert sich die Garzeit um ein paar Minuten. Du kannst sie entweder vor dem Braten in Portionsstücke schneiden oder am Stück garen und vor dem Servieren in Scheiben schneiden.

GEBACKENE MUSCHELN
MIT GRAUPEN

100 g Perlgraupen
2 kg Venusmuscheln
1 Zwiebel
2 Knoblauchzehen
1 getrocknete Chili
1 unbehandelte Zitrone
½ Bund glatte Petersilie
1 EL Olivenöl
2 Lorbeerblätter
200 ml trockener Weißwein oder Sherry
Salz

Fange 45 Minuten vor dem Servieren an. Davon gehen 20 Minuten unnütz drauf, weil die Graupen quellen müssen.

Italien, du hast es besser. Das italienische »Orzo Perlato« klingt doch gleich viel appetitanregender als das muffige deutsche Wort »Graupen«. Dabei ist es das gleiche: geschälte und polierte Gerstenkörner – eine Köstlichkeit, die man endlich mal von ihrem Image als eklig-grauer Brei befreien muss.

- Lasse die Graupen 20 Minuten in kaltem Wasser einweichen. Gieße das Einweichwasser ab. Heize den Backofen auf 220 °C vor.
- Kontrolliere die Muscheln und wirf geschlossene weg.
- Bringe die Graupen in einem kleinen Topf mit etwas Wasser zum Kochen (etwa 1 Fingerbreit Wasser sollte über den Graupen stehen) und lasse sie in 15 Minuten gar köcheln, so dass sie noch Biss haben. Wenn sie gar sind, gießt du das Kochwasser ab.
- Während die Graupen garen, würfelst du die Zwiebel fein.
- Hacke den Knoblauch mit der Chili sehr fein oder verarbeite beides miteinander im Mörser zu einer Paste.
- Reibe die Zitronenschale ab. Hacke die Petersilie fein.
- Erhitze das Olivenöl in einem großen feuerfesten Topf und dünste die Zwiebelwürfel darin glasig, gib dann die Knoblauch-Chili-Mischung dazu.
- Gib die gegarten Graupen zusammen mit gut zwei Dritteln der Zitronenschale in den Topf. Gib den Weißwein oder Sherry und die Lorbeerblätter dazu und bringe alles wieder zum Kochen.
- Jetzt kommen die Muscheln dazu. Mische alles gut durch, salze vorsichtig und warte ab, bis es wieder kocht.
- Schiebe den Topf ohne Deckel für 6–8 Minuten in den Backofen, bis sich die Muscheln geöffnet haben.
- Schmecke noch einmal mit wenig Salz und eventuell etwas Zitronenschale ab. Streue die Petersilie über das Gericht und serviere in tiefen Suppentellern. Oder stelle einfach den Topf auf den Tisch.

Dazu passt knuspriges Weißbrot.

Rohe Muscheln müssen fest geschlossen sein. Geöffnete oder beschädigte Schalen musst du wegwerfen, denn sie sind verdorben.

Vorsicht: Die Graupen kochen leicht über!

Gekochte Muscheln müssen geöffnet sein. Geschlossene Schalen darfst du nicht öffnen, sondern musst sie wegwerfen, denn sie sind verdorben.

KLARE KARTOFFELSUPPE MIT PFIFFERLINGEN UND HEIDELBEEREN

Kartoffelsuppe mit Pfifferlingen einmal anders: Mit ein wenig Mühe bleibt die Suppe klar. Heidelbeeren geben den besonderen Pfiff.

400 g festkochende Kartoffeln
150 g frische Pfifferlinge
150 g Heidelbeeren
750 ml Gemüsebrühe (selbst gemacht oder ein gutes Fertigprodukt)
6 EL Butter
1 Schuss trockener Sherry oder Portwein
Salz, Pfeffer

In rund 30 Minuten steht diese köstliche Vorspeise auf dem Tisch.

- Schäle die Kartoffeln und schneide sie in 5–10 mm große Würfel. Gib sie in eine Schüssel mit kaltem Wasser.
- Putze die Pfifferlinge sehr gründlich, um allen Sand zu entfernen. Halbiere große Pilze. Wasche die Heidelbeeren und stelle sie für später beiseite.
- Bringe reichlich Salzwasser zum Kochen und gare die Kartoffelwürfel 2–3 Minuten. Sie sollten noch nicht ganz gar sein. Gieße sie ab und spüle sie noch mal kurz durch. Währenddessen bringst du schon mal die Brühe zum Kochen.
- Gib die vorgekochten Kartoffelwürfel in die heiße Brühe und lasse sie noch einmal 2–3 Minuten leicht köcheln, bis sie gar sind, aber noch Biss haben.
- Während die Kartoffeln garen, brätst du die Pfifferlinge in der Butter scharf an. Das dauert nur ein paar Minuten.
- Gib die angebratenen Pilze zur Suppe, schmecke mit einem ordentlichen Schuss trockenem Sherry oder Portwein ab.
- Ganz zum Schluss kommen die Heidelbeeren in die Suppe. Sie brauchen nur wenige Sekunden, um heiß zu werden.

Durch das Lagern in kaltem Wasser und das Vorkochen wird Stärke aus den Kartoffeln geschwemmt – so bleibt später die Brühe klar. Aber auch während die Kartoffeln in der Brühe fertig garen, solltest du möglichst wenig umrühren, damit möglichst wenig Stärke gelöst wird.

Eine gehaltvollere Variante, die noch weniger Arbeit macht, kannst du aus mehlig kochenden Kartoffeln zubereiten. Du musst sie nicht so ordentlich schneiden und du garst sie gleich in der Brühe. Wenn sie gar sind, zerdrückst du sie und gießt ungefähr 125 g Sahne dazu. Wahrscheinlich brauchst du etwas mehr Flüssigkeit und musst mit etwas mehr Salz und vielleicht etwas Pfeffer abschmecken.

Dazu eine ordentliche Scheibe frisches Sauerteigbrot – schon ist ein gehaltvolles Abendessen für zwei fertig.

TRADITIONELLES ROASTBEEF

Für das Fleisch
250 g Möhren
250 g Pastinaken
3 kleine Zwiebeln
1 EL Senfpulver
1 EL Mehl
1 TL Salz
1 TL Pfeffer
1 kg Roastbeef

Für eine einfache Sauce
250 ml Rinderfond
½ TL Speisestärke

Das Roastbeef macht nicht viel Arbeit, braucht aber Zeit im Backofen. Du solltest 1,5–2 Stunden vor dem Servieren anfangen.

Was dem Deutschen der Sonntagsbraten mit Sauce, ist dem Engländer das »Sunday Roast« mit Gravy. Das eint die Nationen fast noch mehr als die Begeisterung für Fußball.

- Heize den Backofen auf 220 °C vor.
- Halbiere die Möhren längs und wirf sie ungeordnet in einen Bräter. Viertele die Pastinaken längs und entferne den faserigen Strunk in der Mitte. Wirf sie zu den Möhren. Viertele die Zwiebeln – und ebenfalls ab in den Bräter damit.
- Vermische Senfpulver, Mehl, Salz und Pfeffer gründlich miteinander und reibe das Fleisch damit von allen Seiten ein. Lege es auf das Gemüse in den Bräter.
- Schiebe das Fleisch für 25–30 Minuten in den vorgeheizten Ofen. Reduziere dann die Hitze auf 160 °C und lasse das Fleisch weitere 30–45 Minuten garen.
- Packe das Fleisch gut in Alufolie ein und lasse es ungefähr 30 Minuten ruhen.
- Nimm die Möhren und Pastinaken aus dem Bräter und stelle sie warm. Gieße den Bratensaft und die Zwiebeln in einen kleinen Topf, gib den Rinderfond dazu und lasse alles in 15 Minuten bei starker Hitze einkochen. Reduziere die Hitze, so dass der Sud nur noch leicht köchelt.
- Fische die Zwiebeln heraus und wirf sie weg. Verrühre ½ TL Speisestärke mit ½ Tasse kaltem Wasser. Rühre teelöffelweise so viel Stärkelösung zu dem kochenden Sud, dass die Flüssigkeit ein bisschen dicklich abbindet. Lasse alles noch 2 oder 3 Minuten köcheln.
- Schneide das Fleisch in Scheiben. Richte es mit dem Gemüse auf einer vorgewärmten Platte an und garniere mit etwas Sauce. Die restliche Sauce kommt in einem Extra-Schälchen auf den Tisch.

Als Engländer nimmt man »Colman's Double Superfine Mustard Powder«. Eine Alternative sind selbst gemahlene Senfkörner.

Nach 30 Minuten ist es noch ziemlich rot, nach 45 Minuten ist es durch, aber noch saftig. Wenn du ganz sicher gehen willst, kaufe dir ein Bratenthermometer: Bei 63 °C ist das Fleisch »englisch«, bei 71 °C »medium«.

GEBRATENER ZANDER
MIT KARTOFFELSALAT UND STEINPILZEN

Dieses Rezept ist eine echte Herausforderung, da alles auf den Punkt fertig sein und lauwarm serviert werden muss. Unbedingt Teller vorwärmen. Die Menge reicht als Vorspeise für 4 oder als Hauptgericht für 2 Personen.

500 g festkochende Kartoffeln
300 g Steinpilze
3 EL gehackte Petersilie
½ Schalotte
1 EL Olivenöl für das Dressing
2 EL Obst- oder Weißweinessig
1 TL scharfer Senf
600 g Zanderfilet
Etwas Mehl zum Bestäuben
3 Knoblauchzehen (mit Haut)
3 EL Butter
3 Zweige Rosmarin
3 EL Raps- oder anderes geschmacksneutrales Öl zum Braten
Salz, Pfeffer

Du wirst 45 konzentrierte Minuten beschäftigt sein.

- → Koche die Kartoffeln mit Schale in 20–25 Minuten gar, je nach Größe.
- → Heize den Backofen auf 160 °C vor.
- → Während die Kartoffeln kochen, putzt du die Steinpilze und schneidest sie in ungefähr gleich große Stücke.
- → Hacke die Petersilie fein. Würfle die halbe Schalotte fein und vermische sie mit Öl, Essig, Petersilie, Senf und etwas Salz in einer großen Schüssel zu einer kräftigen Vinaigrette. Würze mit ein paar Umdrehungen aus der Pfeffermühle.
- → Pelle die Kartoffeln und schneide sie in 5 mm dicke Scheiben. Gib sie zu dem Dressing in die Schüssel und mische vorsichtig, aber gründlich durch. Lasse den Kartoffelsalat an einem warmen Ort ziehen.
- → Schneide die Zanderfilets in gleich große Stücke. Bestäube sie auf allen Seiten mit etwas Mehl und würze sie mit Salz und Pfeffer.
- → Quetsche zwei Knoblauchzehen an (sie können ruhig in der Haut bleiben). Erhitze die Butter mit 2 Knoblauchzehen und 2 Zweigen Rosmarin in einer großen Pfanne mit feuerfestem Griff. Wenn sie heiß ist, schiebst du Knoblauch und Rosmarin an die Seite und legst die bemehlten Zanderstücke hinein. Brate sie bei mittlerer Hitze 1 bis höchstens 2 Minuten von jeder Seite. Sie sollten in der Mitte noch roh sein.
- → Schiebe die Fischfilets für 5 Minuten in den vorgeheizten Backofen.
- → Während der Fisch im Backofen fertig gart, brätst du die Steinpilze mit der dritten gequetschten Knoblauchzehe und dem übrigen Rosmarin in etwas Öl, bis sie braun werden. Das dauert nur ein paar Minuten.
- → Verteile den Kartoffelsalat auf vorgewärmte Teller, richte den Fisch darauf an und gib die gebratenen Pilze dazu. Serviere sofort.

Ich nehme für diesen Salat immer die Stiele von Steinpilzen – die sehen zwar beim Händler nicht so spektakulär aus wie die ganzen Pilze, sind aber fester als die Kappen und schmecken genauso gut.

Die Pilze darfst du nicht salzen! Sie würden dann wässrig und matschig.

FELDSALAT MIT ROTER BETE, PINIENKERNEN, ZIEGENKÄSE UND TOAST MELBA

Rote Bete schmeckt nach Herbst: süß, schwer und erdig. Damit wir uns geschmacklich nicht komplett unter die Erde begeben, ergänzen wir sie mit einer sauren Vinaigrette und knackigem Salat.

500 g frische Rote Bete
100 g Feldsalat
4 EL Pinienkerne
½ Zitrone
½ Knoblauchzehe
Olivenöl
1 TL Salz
1 TL Pfeffer
4 Scheiben Toastbrot
120 g Ziegenkäse
Gummihandschuhe

Insgesamt dauert's 60 Minuten. Davon geht die meiste Zeit fürs Garen der Roten Bete drauf.

- Entferne die Blätter von der Roten Bete. Halbiere die Beten und lege sie mit der Schnittfläche nach unten in eine feuerfeste Form. Gare sie bei 180 °C 45–60 Minuten im Backofen, je nach Größe.
- Nimm sie nach den Ende der Garzeit aus den Backofen, lasse sie abkühlen und ziehe die Schale ab. Schneide die Beten in Spalten.
- Während die Rote Bete gart, putzt und wäschst du den Feldsalat und röstest die Pinienkerne ohne Fett goldbraun.
- Presse die ½ Zitrone aus und hacke den Knoblauch fein. Vermische den Zitronensaft mit ungefähr dreimal so viel Olivenöl, je 1 TL Salz und Pfeffer und dem Knoblauch zu einer zitronigsauren Vinaigrette.
- Für den Toast Melba trocknest du zunächst die Brotscheiben im Toaster ein bisschen an. Schneide dann die Rinde ab und teile die Scheiben mit einen scharfen Messer, so dass zwei dünne Scheiben entstehen. Schneide diese diagonal in Dreiecke und lege sie mit der weichen Seite nach oben auf ein Backblech.
- Heize den Grill an und schiebe das Backblech mit den Toastdreiecken darunter, bis sie goldbraun sind und sich ein wenig gewölbt haben.
- Richte den Feldsalat auf Tellern an, verteile die Rote Bete, bestreue alles mit Pinienkernen und brösele den Ziegenkäse darüber. Zum Schluss träufelst du die Vinaigrette über alles und servierst mit den Toast-Ecken.

Am besten machst du das mit Gummihandschuhen, sonst sehen deine Hände aus, als hättest du die Erbtante gemetzelt. Vom Messer und vom (Plastik-)Schneidbrett geht die Farbe leicht wieder ab.

Fertig gekochte Rote Beten aus dem Supermarkt sind kein Ersatz – für den wahren erdig-süßen Geschmack musst du schon ein wenig Geduld aufbringen.

Das geht sehr schnell und du musst höllisch aufpassen, dass sie nicht anbrennen.

RINDERRÜCKEN
MIT SESAMSALZ UND ZITRONENMELISSE

Der Rücken ist ein leider ziemlich unterschätztes Teil vom Rind. Meist wird er in deutschen Küchen zu trockenem Sonntagsbraten mit dunkler Sauce verarbeitet. Dabei ist er – richtig behandelt – ein köstliches, kräftiges und saftiges Stück Fleisch, das mit der hier vorgestellten Würzmischung zu spektakulärer Hochform aufläuft.

750 g Rinderrücken
2 EL Butterschmalz (oder eine Mischung aus 1 EL Öl und 1 EL Butter)
2 EL Sesam
1 TL Koriandersamen
1 unbehandelte Orange
1 Chili
2 TL grobkörniges Salz
4 Zweige Zitronenmelisse
200 g gekochte weiße Bohnen

Alles in allem dauert's 45 Minuten, bis der Rinderrücken auf dem Tisch steht. In dieser Zeit hast du nicht allzuviel zu tun.

- Heize den Backofen auf 200 °C vor.
- Befreie den Rinderrücken von allen Sehnen und allem Fett, das der Metzger noch nicht entfernt hat. Brate ihn in heißem Butterschmalz von allen Seiten kräftig an. Das dauert insgesamt etwa 8–10 Minuten.
- Schiebe das Fleisch in den Backofen und lasse es bis zur gewünschten Stufe garen.
- Nimm das Fleisch nach Ende der Garzeit aus dem Ofen, packe es gut in Alufolie ein und lasse es weitere 10–15 Minuten ruhen.
- Während der Braten im Ofen ist, röstest du Sesam und Koriander in einer trockenen Pfanne leicht an, bis die Körnchen springen und der Koriander zu duften beginnt. Genieße den Duft kurz, nimm die Mischung aus der Pfanne und lasse sie abkühlen.
- Schäle von der Orange ungefähr ein Viertel dünn ab und hacke die Schale zusammen mit der Chilischote.
- Fülle Sesam, Koriander, die Orangen-Chili-Mischung und grobkörniges Salz in den Blitzhacker oder Mörser und zerkleinere alles. Es entsteht eine leicht feuchte, bröselige Mischung.
- Zupfe die Blätter von der Zitronenmelisse und schneide sie, falls nötig, in feine Streifen.
- Gieße die Bohnen in ein Sieb und spüle den Schleim mit kaltem Wasser ab. Nicht erhitzen!
- Schneide das Fleisch in dünne Scheiben, richte es auf den Bohnen an und bestreue es großzügig mit Sesamsalz und Zitronenmelisse.

Butterschmalz ist das schiere Fett aus der Butter. Es wird sehr heiß, ohne zu verbrennen, und hat trotzdem noch den Geschmack von Butter.

Nach 15 Minuten ist es innen noch ziemlich rot, nach 20 Minuten so gerade eben durch. Länger sollte es nicht backen, damit es saftig bleibt.

Wenn du's weniger scharf magst, entferne vorher die Kerne und Zwischenhäutchen aus der Chili.

SCHMECKT WIE URLAUB

Beim Reisen lernt man nicht nur andere Menschen und Länder kennen, sondern auch viele neue Gerichte. Das hat schon beim alten Marco Polo angefangen, der von seinem Ausflug nach China zurückkam und seinen Landsleuten die Nudeln mitgebracht hat. Keine Ahnung, was man in Italien vorher so gegessen hat, aber auf jeden Fall hat das Souvenir von Herrn Polo die Leute so beeindruckt und inspiriert, dass Italien heute als **das** Land der Pasta gilt.

Italien und Spanien sind immer noch die Lieblingsreiseziele der Deutschen. Deshalb gibt's hier auch überwiegend Rezepte aus diesen Ländern. Aber auch als Griechenland-, Türkei- oder Marokko-Urlauber wirst du fündig.

Alle Rezepte sind leicht angepasst, damit du die Zutaten in hiesigen Regionen kaufen und in deiner normalen Küche kochen kannst, ohne dass sie ihren Charakter verlieren.

ALBONDIGAS

2 Knoblauchzehen
Olivenöl
1 kleine Dose Tomaten (450 g)
2 EL Petersilie
400 g Schweinehack
Salz, Pfeffer, Zucker, Muskatnuss

Das nenne ich schnelle Küche: In 30 Minuten kannst du alles fertig machen.

Ein Klassiker aus der Tapas-Bar: Albondigas – kleine Fleischbällchen – sind ein leckerer Einstieg in eine Tour durch die Köstlichkeiten der spanischen Kneipenküche. Typischerweise isst man nicht nur ein Gericht, sondern bestellt viele verschiedene. In Italien gibt es etwas ganz ähnliches namens »Polpette«. Die werden aber mit Pasta gereicht und machen richtig satt. Die Menge hier reicht für 12 große oder 16 kleine Fleischbällchen.

- → Pelle den Knoblauch und hacke ihn fein. Dünste die Hälfte bei geringer Hitze in etwas Olivenöl an und gib dann die Tomaten dazu. Würze mit 1 TL Salz, etwas Pfeffer und ½–1 TL Zucker.
- → Zerdrücke die Tomaten etwas und bringe alles miteinander zum Kochen. Reduziere die Hitze und lasse die Sauce leise vor sich hin köcheln. Sie sollte relativ flüssig sein – eventuell musst du sie mit etwas Gemüsebrühe verdünnen.
- → Hacke die Petersilie fein. Stelle ein bisschen davon für die Deko beiseite. Vermische Petersilie und den übrigen Knoblauch mit dem Schweinehack, würze mit 1 TL Salz, etwas Pfeffer und etwas Muskatnuss.
- → Forme kleine Bällchen, etwa so groß wie eine Wallnuss.
- → Brate die Bällchen bei mittlerer Hitze je 3–4 Minuten von jeder Seite – sie sind jetzt braun, aber noch nicht ganz gar.
- → Schmecke die Tomatensauce ein letztes Mal ab und gib noch einen ordentlichen Schuss Olivenöl dazu. Lege die Fleischbällchen in die Sauce und lasse sie in 5–10 Minuten gar ziehen.
- → Bestreue sie zum Servieren mit etwas gehackter Petersilie.

Vier Fleischbällchen sind vielleicht ein bisschen wenig, um davon satt zu werden, selbst wenn du frisches knuspriges Weißbrot dazu servierst. Ergänze sie mit einem großen Salat. Oder weiteren Tapas, wie z. B. gefüllten Champignons, in Speck gewickelten Datteln o. ä.

Der Zucker nimmt den Tomaten die Säure und sorgt für einen »runderen« Geschmack. Die Sauce darf aber natürlich nicht süß werden.

Wenn es dir bei der Vorstellung graust, rohes Hackfleisch zu probieren, kannst du ein Fleischbällchen zur Probe braten und falls nötig den Rest des Fleisches nachwürzen.

Die Sauce sollte nur leicht köcheln, dann bleiben die Fleischbällchen saftig. Du kannst sie in der Sauce ziemlich lange warm halten.

COUSCOUS
MIT LAMM UND ROSINEN

Couscous ist eine Art grober Grieß und die Universalbeilage zu vielen arabischen Gerichten. Als Couscous werden aber auch die kompletten Gerichte bezeichnet.

2 Zwiebeln
½ TL Kurkuma (auch Gelbwurz genannt)
1 ½ TL getrockneter Ingwer
1 Msp gemahlener Safran
1 Prise Cayennepfeffer
3 EL Olivenöl
1 TL Salz
1 TL frisch gemahlener schwarzer Pfeffer
3 Stängel Koriandergrün
3 Stängel Petersilie
4 Lammhaxen (mit Knochen je ca. 400 g)
250 g Couscous
1 Dose Kichererbsen (400 g Abtropfgewicht)
100 g Rosinen

Das Fleisch muss insgesamt etwa 2,5 Stunden garen.
Außerdem solltest du etwa 30 Minuten für die Vorbereitung einrechnen.

→ Pelle und viertele die Zwiebeln und röste sie mit Kurkuma, Ingwer, Safran und Cayennepfeffer in Olivenöl bei schwacher Hitze ungefähr 1 Minute an. Gieße 500 ml Wasser dazu, mische die übrigen Gewürze und Kräuter darunter und bringe die Mischung zum Kochen.

Binde die frischen Kräuter mit etwas Küchengarn zu einem Bukett zusammen. Dann kannst du sie später leichter herausfischen.

→ Lege die Lammhaxen in die kochende Brühe, reduziere die Hitze und lasse sie bei schwacher Hitze 2 Stunden garen, bis das Fleisch quasi von selbst vom Knochen fällt.

Die Temperatur der Brühe sollte so gerade um den Siedepunkt herum pendeln: Mal blubbert's schwach, mal nicht.

→ Weiche den Couscous in reichlich kaltem Wasser ein.

→ Gieße die Kichererbsen ab. Gib sie in eine Schüssel mit kaltem Wasser und reibe sie leicht zwischen den Handflächen. Dabei lösen sich die Häute, schwimmen oben auf und können abgefischt werden. Wiederhole das zwei- oder dreimal.

Die Häute sind nicht gesundheitsschädlich und schmecken auch nicht schlecht. Sie machen die Kichererbsen aber schwer verdaulich.

→ Gieße den Couscous in ein feines Sieb und mische die Rosinen und Kichererbsen unter. Fülle einen Topf mit etwas Wasser und hänge das Sieb mit dem Couscous ein. Der Couscous darf nicht im Wasser hängen! Decke mit einem Küchenhandtuch und dem Topfdeckel zu, bringe das Wasser zum Kochen und dämpfe den Couscous etwa 10 Minuten.

→ Häufe den Couscous auf eine große Platte, richte die Lammhaxen mit etwas Brühe darauf an. Reiche den Rest der Brühe in einer kleinen Schüssel dazu.

Die ganzen Lammhaxen sehen spektakulär aus, sind aber nicht ganz einfach zu essen. Benutzerfreundlicher ist es, wenn du das Fleisch vorher von den Knochen löst.

PANZANELLA

Panzanella ist eigentlich eine clevere Resteverwertung aus der Arme-Leute-Küche Italiens: Trocken gewordenes Brot wird nicht weggeworfen, sondern mit Sachen, die man sowieso im Garten hat, zu einem Salat verarbeitet.

4 Scheiben italienisches Bauernbrot vom Vortag
4 EL Olivenöl zum Rösten
4 reife Tomaten
½ Salatgurke
1 rote Zwiebel
1 Bund glatte Petersilie
Ein paar schwarze Oliven
12 Kapernäpfel
½ Zitrone
6 EL Olivenöl für das Dressing
Zucker, Salz, Pfeffer, Zucker

Unterschätze nicht die Zeit fürs Schnibbeln: eine gute halbe Stunde wirst du für den Salat brauchen.

- Schneide das Brot in ungefähr 2 cm große Würfel. Röste sie in 4 EL Olivenöl an, bis sie goldbraun sind. Lasse sie abkühlen, während du den Salat zubereitest.
- Schneide die Tomaten in Spalten, die Gurke in Stücke und die Zwiebel in feine Scheiben. Hacke die Petersilie so grob oder fein wie es dir gefällt.
- Gieße die Kapernäpfel ab. Presse die ½ Zitrone aus (ca. 2 EL Saft werden benötigt).
- Mische alle Zutaten außer dem Brot in einer großen Schüssel, schmecke mit Salz, Pfeffer und eventuell noch etwas Zucker kräftig ab. Der Salat kann jetzt bis zu 1 Stunde kühl stehen bleiben.
- Kurz vor dem Servieren mischst du das Brot unter. Gib ihm ein paar Minuten Zeit, etwas von der Salatbrühe aufzunehmen, aber nicht zu lang, damit es nicht matschig wird.

Frisches Brot ist nicht geeignet, denn es nimmt zu viel Öl und später zu viel Salatbrühe auf.

LAHMACUN

Hefeteig

12 g frische Hefe
1 TL Zucker
250 g Mehl
1 TL Salz
2 EL Olivenöl

Belag

½ rote Zwiebel
Olivenöl
300 g mageres Lammhack
1 großes Bund glatte Petersilie (ergibt gehackt ca. ½ Tasse)
½ TL Zimt
150 g Tomaten aus der Dose
Chiliflocken
1 Zitrone, etwas Petersilie zum Servieren

Der Teig ist in ungefähr 20 Minuten geknetet, muss dann aber mindestens 1,5 Stunden gehen. Der Belag braucht etwa 30 Minuten, und dann müssen die Fladen noch mal für 10 Minuten in den Backofen. Nach Adam Riese solltest du also 2 Stunden vor dem Servieren anfangen.

Lahmacun sind eine Art Mini-Pizza mit Hackfleisch. Wer sie nur als pappige Lappen aus der Dönerbude kennt, hat was verpasst.

- Brösele die Hefe in eine große Schüssel und vermische sie mit dem Zucker und 160 ml lauwarmem Wasser. Lasse alles ca. 10 Minuten stehen, bis die Hefe zu gären beginnt.
- Mische nach und nach das Mehl in die Hefelösung, zum Schluss das Salz und das Olivenöl. Solange der Teig noch klebrig ist, kannst du mit einem Holzlöffel arbeiten, danach knetest du ihn mit bemehlten Händen zu einem glatten und elastischen Teig.
- Lege den Teigklumpen zurück in die Schüssel und lasse ihn 1,5 Stunden gehen. Er verdoppelt dabei sein Volumen.
- Würfele die Zwiebel und dünste sie in 2 EL Olivenöl bei milder Hitze glasig. Brate das Hackfleisch schön bröselig an.
- Hacke die Petersilie.
- Gib den Zimt, die Petersilie und die Dosentomaten zum Hackfleisch. Vermische alles gut miteinander, lasse es kurz aufkochen und nimm die Pfanne vom Herd.
- Heize den Backofen auf 220 °C vor.
- Knete den Teig noch einmal kräftig durch und forme 8 gleich große Kugeln, die du anschließend zu Kreisen von 12–15 cm Durchmesser ausrollst. Lege sie mit etwas Abstand zueinander auf ein leicht bemehltes Backblech und verteile je 1 bis 2 EL Belag darauf. Beträufle sie mit etwas Olivenöl.
- Backe sie 8–10 Minuten, bis der Teig gerade durch, aber nicht trocken ist.
- Serviere sie heiß mit etwas Petersilie und einem Zitronenschnitz – ein paar Tropfen Zitronensaft wirken noch einmal geschmackliche Wunder.

Wenn der Teig zu weich ist, knete vorsichtig noch etwas Mehl ein. Du brauchst aber etwas Geduld. Durch das Kneten vergeht die Klebrigkeit von selbst. Du darfst also auf keinen Fall zu früh Mehl dazugeben, sonst wird der Teig trocken.

Dazu passt ein Tomaten-Gurken-Salat oder auch ein griechischer Bauernsalat mit Feta. Da kann dann auch die übrige Zwiebelhälfte Verwendung finden.

Mit oder ohne Scharf? Wer's gerne scharf mag, kann die fertig gebackenen Fladen auch mit Chiliflocken bestreuen. Man kann's aber auch bleiben lassen.

PICCATA MILANESE

400 g Kalbsfilet (achte darauf, dass du ein gleichmäßig dickes Stück bekommst)
4 Eier (Größe M)
120 g Parmesan
4 EL Mehl
Etwas Pfeffer
4 EL neutrales Öl zum Braten
4 EL Butter

Wenn du zügig arbeitest, bekommst du die Piccata in 30 Minuten fertig. Denke aber daran, dass ja auch noch eine Beilage dazu gereicht werden soll.

Man könnte Piccata Milanese als die italienische Variante des Wiener Schnitzels bezeichnen – wobei wir offen lassen wollen, wer von wem abgeguckt hat. Bei beiden hat die Hülle den Zweck, das Fleisch saftig zu halten. Aber während der Wiener Semmelbrösel nimmt, verwendet der Mailänder fein geriebenen Parmesan, was dem Ganzen eine sehr eigenständige geschmackliche Richtung gibt und wunderbar zu Pasta mit Tomatensauce harmoniert.

→ Schneide das Kalbsfilet in 8 etwa 1 cm dicke Scheiben. Lege sie zwischen 2 Lagen Frischhaltefolie und klopfe sie auf ungefähr 0,5 cm Dicke.
→ Verquirle die Eier in einer großen flachen Schüssel. Reibe den Parmesan sehr fein und vermische ihn mit den Eiern.
→ Stelle einen Teller bereit, auf dem du das Mehl mit etwas Pfeffer vermischt hast.
→ Erhitze das Öl in einer beschichteten Pfanne – so ungefähr auf mittlerer Hitze. Lasse die Butter darin aufschäumen und hellbraun werden.
→ Wende die Fleischscheiben kurz in Mehl und klopfe überschüssiges Mehl ab. Ziehe sie dann durch die Ei-Parmesan-Mischung, bis sie dünn, aber gleichmäßig bedeckt sind.
→ Brate die Schnitzel von jeder Seite 3 Minuten bei mittlerer Hitze.
→ Serviere sofort.

Dazu passen Spaghetti mit Tomatensauce. Bereite als erstes die Tomatensauce zu und halte sie warm. Fange mit dem Fleischbraten erst an, wenn die Sauce fertig ist und das Spaghettiwasser kocht. Lasse die Spaghetti in 6–7 Minuten gerade eben al dente werden und halte sie in der Tomatensauce warm – sie garen dabei noch ein wenig nach.

▶ Durch das Klopfen wird die Faserstruktur des Fleisches zerstört und es wird noch zarter. Die Frischhaltefolie sorgt dafür, dass beim Klopfen keine Löcher entstehen. Eine genaue Anleitung findest du bei dreiminutenei.de/fleischklopfen.

▶ Das ist die eigentliche Kunst: Wenn die Umhüllung zu dick ist, schmeckt sie penetrant nach Parmesan und bleibt im schlimmsten Fall sogar innen pampig. Wenn sie zu dünn ist und Fleisch durchscheint, ist der ganze Effekt weg und das Fleisch wird trocken.

▶ Du kannst das Fleisch entweder in 2 Portionen braten und die erste im Backofen warm halten, oder 2 Pfannen verwenden.

PASTIZIO

1 kleine Zwiebel
2 EL Olivenöl
1 Knoblauchzehe
1 EL Petersilie
400–500 g gemischtes Hackfleisch
Etwas Zimt
1 Lorbeerblatt
Ein Schuss Weißwein
250 g Tomaten aus der Dose
250 g kurze Nudeln
3 EL Butter
Etwas getrocknete Minze
1 TL Semmelbrösel
Salz, Pfeffer

Béchamelsauce
60 g Butter
60 g Mehl
500 ml Milch
Salz, Pfeffer
Etwas Muskatnuss

Rechne mit 45 Minuten Arbeitszeit.
Danach muss der Auflauf noch mal 30 bis 40 Minuten in den Backofen.

Dieser griechische Nudelauflauf macht echt Arbeit. Das Ergebnis ist es wert.

→ Schneide die Zwiebel in feine Würfel und dünste sie im Olivenöl bei mittlerer Hitze weich. Hacke die Knoblauchzehe und die Petersilie fein und dünste beides kurz mit.
→ Gib das Hackfleisch dazu und brate es schön an. Würze mit Salz, Pfeffer, Zimt und dem Lorbeerblatt. Wenn's zu brutzeln beginnt, löschst du mit dem Wein ab und lässt die Flüssigkeit wieder einkochen.
→ Gib die Tomaten dazu und lasse alles 20–30 Minuten bei mittlerer Hitze gut durchgaren. Eventuell musst du etwas Wasser oder Gemüsebrühe angießen. Die Mischung sollte gut feucht sein – etwa so wie eine Pastasauce.
→ Heize nun den Backofen auf 180 °C vor.
→ Koche die Nudeln 2 Minuten kürzer als auf der Packung steht, denn sie garen im Ofen noch nach.
→ Vermische sie mit 3 EL Butter, krümele die getrocknete Minze darüber und gib die Hälfte in eine gut ausgefettete Auflaufform von etwa 18 × 25 cm Größe. Verteile die Fleischmasse darauf und schließe mit dem Rest Nudeln ab. Drücke alles gut fest – das Pastizio soll ziemlich kompakt werden.
→ Bereite die Béchamelsauce zu: Lasse die Butter aus, schwitze das Mehl darin 5 Minuten an und rühre dann langsam und ohne das Rühren zu unterbrechen die Milch ein. Schmecke die Sauce mit Salz, Pfeffer und etwas Muskatnuss ab. Lasse sie 5 Minuten unter Rühren weiterköcheln, bis sie glatt und ziemlich dick ist.
→ Gieße die Béchamel-Sauce über die Nudel-Fleisch-Schichten.
→ Streue die Semmelbrösel darüber und lasse den Auflauf 30–40 Minuten im Ofen backen, bis er oben stellenweise braun ist. Anschließend lässt du ihn noch 10 Minuten im ausgeschalteten Ofen ruhen, damit er noch etwas fester wird, ohne weiter zu bräunen.

Dazu passt ein frischer Salat.

Eine Schritt-für-Schritt-Anleitung findest du auf dreiminutenei.de/bechamel.

Wenn alles gut gegangen ist, kannst du den Pastizio in große Stücke schneiden, die auf dem Teller ihre Form behalten. Oder du servierst ihn aus der Auflaufform.

PASTA ALLA NORMA

1 Aubergine
1 Knoblauchzehe
1 Bund Basilikum
Olivenöl
400 g Dosentomaten
Ca. 50 g Ricotta salata
500 g Pasta
Pfeffer, Salz, Zucker

Du kannst das Rezept in 30 entspannten Minuten zubereiten.

Ricotta salata findest du im italienischen Feinkosthandel. Wenn du keinen auftreiben kannst, ist Feta ein (schwacher) Ersatz.

Pasta alla Norma ist eines der wenigen Gerichte, dessen Erfindung datierbar ist: Angeblich ist es nach Bellinis überaus dramatischer Oper aus dem Jahr 1831 benannt. Ich vermute allerdings, dass das nur ein cleverer Marketing-Gag war und Tomaten-Auberginen-Sauce von sizilianischen Hausfrauen seit Jahrhunderten gekocht wurde. Auf Sizilien isst man sie meist mit Spaghetti, hin und wieder auch mit kurzer Pasta wie z. B. Penne Rigate.

- Schneide die Aubergine in ca. 1 cm große Stücke. Hacke die Knoblauchzehe fein. Zupfe die Blätter vom Basilikum. Wirf die Stängel nicht weg, sondern binde sie mit etwas Küchengarn zusammen.
- Schmore die Auberginenwürfel in 4 EL Olivenöl kräftig an. Sie sollten ein bisschen braun werden. Kurz vor Schluss gibst du die gehackte Knoblauchzehe und das Bündel Basilikumstiele dazu und schmorst sie 1 Minute mit.
- Schütte die Dosentomaten dazu, bringe alles zum Kochen und reduziere die Hitze, so dass die Sauce bei geschlossenem Deckel sanft köchelt – was sie dann etwa 15 Minuten ohne allzu häufiges Rühren tun sollte, während du dich um die Pasta kümmerst.
- Koche die Pasta fast gar (1 Minute kürzer als auf der Packung steht). Währenddessen schneidest du die Basilikumblätter in Streifen.
- Fische die Basilikumstängel aus der Sauce, rühre die Blätter ein. Schmecke mit Pfeffer und wenig Salz, eventuell ein wenig Zucker ab und mische die Sauce mit der Pasta. Lasse alles miteinander 1 Minute ziehen.
- Verteile die Pasta auf vorgewärmte Teller und reibe den Ricotta salata darüber. Serviere sofort.

Die Auberginen brauchst du nicht zu wässern. Das hat man früher gemacht, um Bitterstoffe zu entfernen. Den heute handelsüblichen Sorten hat man die längst abgezüchtet.

Die Sauce braucht (fast) kein Salz – das kommt aus dem Käse. Ricotta salata heißt wörtlich »gesalzener Ricotta«. Es handelt sich um Ricotta, der stark gesalzen und 2–3 Wochen stehen gelassen und dabei immer wieder ausgepresst wird. So entsteht ein fester weißer Käse, der an Feta erinnert.

SEETEUFEL
MIT TOMATEN, KNOBLAUCH UND THYMIAN

Seeteufel ist ein Fisch für Anfänger und Grätenphobiker, denn er hat sehr festes Fleisch und nur einen großen Mittelgrat, aber keine kleine Gräten, die einem im Hals stecken bleiben könnten. Dank seines festen Fleisches fällt er auch beim Braten nicht so leicht auseinander wie anderer Fisch.

Einige Thymianzweige
4–8 Knoblauchzehen
6 EL Butter
6 EL Olivenöl
1,5 kg Seeteufel (oder 750–800 g Filet)
1 kleine Dose Tomaten (400 g)
1 kleine Handvoll schwarze Oliven
Salz, Pfeffer, Zucker

In 30 Minuten steht diese Köstlichkeit auf dem Tisch.

→ Brate den Thymian und die ungeschälten Knoblauchzehen in Butter und Olivenöl an. Nimm beides aus der Pfanne und stelle es für später beiseite.

→ Salze und pfeffere den Seeteufel und brate ihn in dem aromatisierten Öl scharf an. Gib dann Thymian und Knoblauch wieder in Pfanne, reduziere die Hitze und gieße die Tomaten dazu.

→ Gare den Fisch in 15–20 Minuten. Nimm ihn aus dem Sud und löse das Fleisch vom Mittelgrad.

→ Gib die Oliven in den Sud, schmecke mit Salz, Pfeffer und 1 Prise Zucker ab. Gib den Fisch wieder hinein und lasse alles vorsichtig wieder warm werden.

Dazu passt Pasta aller Art.

▶ So gehen die Aromen ins Fett über und verfliegen nicht so schnell.

▶ Praktischerweise kaufst du gleich gehackte Tomaten. Ganze solltest du vorher zerdrücken. Frische Tomaten sind übrigens nicht geeignet.

▶ Filets brauchen nur 10–15 Minuten.

INVOLTINI
MIT GORGONZOLA UND WALNÜSSEN

Im Original werden Involtini aus Kalbfleisch hergestellt, aber ich finde, dass Pute noch ein bisschen feiner schmeckt. Falls dir das Original lieber ist, nimm einfach Kalbs- statt Putenschnitzel. Die Zubereitung ist dieselbe, auch die Garzeit ändert sich nicht.

100 g Walnusskerne
300 g Gorgonzola
200 g Frischkäse
8 Putenschnitzel zu je 80–100 g
Olivenöl
125 ml Gemüse- oder Geflügelbrühe
Pfeffer

Wenn du nicht gerade zwei linke Hände hast, schaffst du's in 60 Minuten.

- → Hacke die Walnüsse fein.
- → Zerdrücke den Gorgonzola (das geht am besten mit einer Gabel) und vermische ihn mit dem Frischkäse. Würze mit ein paar Umdrehungen aus der Pfeffermühle. Nimm ungefähr zwei Drittel der Käsemischung ab und vermische sie mit den gehackten Walnüssen. Den Rest brauchst du später für die Sauce.
- → Klopfe die Putenschnitzel zwischen 2 Lagen Frischhaltefolie möglichst dünn aus.
- → Bestreiche die Putenschnitzel mit der Käse-Nuss-Mischung (lasse einen Rand von ca. 1 cm, damit nichts herausquillt) und rolle sie fest auf. Stecke die Röllchen mit einem Zahnstocher fest.
- → Erhitze etwas Öl in einer Pfanne und brate die Röllchen darin rundum an. Das dauert insgesamt 6–8 Minuten. Lege den Deckel auf die Pfanne, reduziere die Hitze und lasse die Involitini bei mittlerer Hitze 15–20 Minuten garen (je nach Dicke).
- → Nimm die Involtini aus der Pfanne und stelle sie warm.
- → Lösche den Bratensatz mit der Brühe ab, rühre die restliche Käsemischung ein und schmecke mit etwas Pfeffer ab.
- → Entferne die Zahnstocher und schneide die Involtini schräg in zwei Hälften. Richte sie mit der Sauce hübsch auf vorgewärmten Tellern an.

Als Beilage eignen sich Gnocchi.

Kein Salz! Der Käse ist an sich schon salzig genug. Mit mehr Frischkäse wird die Mischung milder, mit weniger Frischkäse kräftiger.

Die Schnitzel werden größer und dünner und lassen sich besser rollen. Ausserdem wird die Faserstruktur des Fleisches teilweise zerstört, so dass die Fleischlappen auch zarter werden. Achte aber darauf, dass keine Löcher entstehen.

Übrig bleibende Füllung eignet sich als Brotaufstrich.

Die Sauce darf nicht kochen, da sich sonst die Fett- und Milcheiweiß-Anteile des Käses trennen. Das sieht ziemlich fies aus.

ETWAS SÜSSES GEHT IMMER

Dessert ist oft eine undankbare Sache. Man steht stundenlang in der Küche und ziseliert Süßkram in Form, der dann entweder mit einem »boah, ich bin so satt, ich schaff' keinen Nachtisch mehr« oder auch einer kultivierteren Äußerung mehr oder minder höflich abgelehnt wird. Oder er ist innerhalb weniger Minuten weggefuttert. Viel zu selten wird er gebührend gewürdigt.

Was uns nicht daran hindern sollte, uns die Mühe zu machen. Denn ein gutes Dessert ist die süße Krönung eines opulenten Mahls und sollte keinesfalls aus der Tüte kommen. Selbst die Angstgegner des ambitionierten Hobbykochs (ich sage nur: Soufflé) sind mit ein bisschen Übung kein Problem, wenn man weiß, worauf man achten muss.

Übrigens: Das Geheimnis des stressfreien Desserts ist die rechtzeitige Vorbereitung. Die meisten Rezepte solltest du fertig machen, bevor du mit dem Hauptgang beginnst. Alle anderen kannst du so weit vorbereiten, dass du nur in der Pause in der Küche stehst, die deine Gäste sowieso zum Verdauen brauchen.

KARAMELLISIERTER MILCHREIS

½ Vanilleschote
20 g Zucker (ca. 4 EL)
1 unbehandelte Zitrone
500 ml Milch
1 Prise Salz
100 g Milchreis
Evtl. etwas Sahne
4 EL Zucker für die Karamellschicht

Für die Zubereitung brauchst du ca. 30 Minuten, danach muss der Reis noch abkühlen.

Eigentlich habe ich ein frühkindliches Milchreis-Trauma. Bevor ich es einmal selbst ausprobiert habe, hielt ich Milchreis für eine schleimig-zähe, eklig süße Angelegenheit. Dieses Rezept hat mich eines Besseren belehrt – wie so oft kommt es halt auf die Kochzeit an. Abgesehen davon ist karamellisierter Milchreis sehr praktisch, wenn du für viele Gäste ein Dessert vorbereiten möchtest, denn er hält sich ein paar Tage im Kühlschrank. Aber erst kurz vor dem Servieren karamellisieren, da die Zuckerschicht sich sonst wieder auflöst.

- Kratze das Mark aus der halben Vanilleschote und vermische es mit dem Zucker. So verteilt es sich später besser. Schneide mit dem Sparschäler einen Streifen Schale von der Zitrone. Bringe die Milch mit dem Zucker, der Vanilleschote, der Zitronenschale und dem Salz zum Kochen.
- Wenn die Milch kocht, rührst du den Reis ein. Bringe alles wieder vorsichtig zum Kochen und lasse den Reis in 20–25 Minuten gar werden. Rühre regelmäßig um, damit nichts anbrennt oder überkocht.
- Probiere den Reis – er sollte noch ein wenig Biss haben, so ähnlich wie bei Risotto. Fische die Vanilleschote und die Zitronenschale heraus.
- Lasse den Reis abkühlen. Wenn er dir jetzt zu kompakt erscheint, rührst du noch ein wenig Sahne oder Milch ein. Fülle ihn dann in Portionsschälchen.
- Kurz vor dem Servieren bestreust du jede Portion großzügig mit ungefähr 1 EL Zucker und karamellisierst ihn mit einem Crème-Brûlée-Brenner. Oder einem Lötbrenner aus dem Baumarkt – das Werkzeug ist eigentlich egal. Hauptsache, es ist ordentlich heiß und der Zucker wird schnell braun, ohne dass der Reis wieder warm wird.
- Serviere sofort.

Das Salz und die Zitronenschale soll man hinterher nicht herausschmecken. Sie bilden aber ein subtiles Gegengewicht gegen die schwere Süße dieses Desserts.

Im Topf sieht es jetzt noch ziemlich flüssig aus. Beim Abkühlen quillt der Reis aber weiter auf und nimmt dabei viel Flüssigkeit auf.

ROTE GRÜTZE

1 kg rote Früchte in beliebiger Mischung (z. B. Kirschen, Himbeeren, Erdbeeren, Brombeeren, Pflaumen, rote Johannisbeeren oder Zwetschgen)
Ungefähr 150 ml roter Fruchtsaft (Kirsch- oder Johannisbeersaft)
50–100 g Zucker (je nach Süße der Früchte und deinem Geschmack)
50 g Perlsago

Für die Zubereitung brauchst du insgesamt etwa 60 Minuten. Danach kühlt die Grütze 1–2 Stunden aus.

Früher nahmen die Bauern gekochten Weizenschrot (Grütze) mit Früchten als sommerliche Mahlzeit mit aufs Feld. Heute nimmt man Sago und serviert's als Dessert. Da die Zubereitung relativ aufwendig ist, lohnt sie sich nur in großen Mengen. Aber rote Grütze ist so lecker, da essen bestimmt alle mit.

- Verwende nur makellose Früchte. Falls du Zwetschgen oder Pflaumen verwendest, schneide sie in Viertel. Bringe alles Obst mit dem Zucker und einem Schuss Fruchtsaft in einem großen Topf zum Kochen und lasse es bei niedriger Hitze 5 Minuten köcheln.
- Gieße den dabei entstandenen Kochsud durch ein Sieb in einen zweiten Topf. Fülle ihn mit Fruchtsaft auf ungefähr 250 ml auf. Bringe den Saft zum Kochen und lasse die Sagoperlen einrieseln. Dabei musst du ständig rühren, damit sie nicht miteinander verklumpen.
- Reduziere die Hitze so weit, dass der Saft nur noch so gerade eben köchelt und lasse die Sagoperlen 20–30 Minuten ausquellen. Dabei wird der Saft immer dicker – er ist fertig, wenn die Sagoperlen durchsichtig sind, sich aber nicht aufgelöst haben. Rühre gelegentlich um, damit nichts ansetzt.
- Rühre den Glibber wieder unter die Früchte und lasse alles miteinander noch 5 Minuten köcheln.
- Nimm den Topf vom Herd und lasse die Grütze auskühlen. Sie schmeckt lauwarm oder kalt.

Rote Grütze kannst du mit flüssiger Sahne, Vanillesauce oder Buttermilch servieren. Wenn du sie relativ herb zubereitest, eignet sie sich sogar als leichtes sommerliches Hauptgericht.

Außerhalb der Saison kannst du auch tiefgekühlte Früchte oder Kompott verwenden.

Sago ist rein pflanzliche Stärke, die aus der Sagopalme gewonnen wird. Sie wird zu kleinen Perlen getrocknet und muss in kochende Flüssigkeit eingerührt werden, damit sie nicht klumpt. Charakteristisch für mit Sago angedickte Flüssigkeiten sind die durchsichtigen Kügelchen, in die sich die in rohem Zustand weißen Sagoperlen beim Ausquellen verwandeln.

BAYERISCHE CREME

2 Blatt Gelatine
125 ml Milch
1 Vanilleschote
3 Eigelb
75 g Zucker
125 g Sahne
Früchte zum Servieren

Du hast 30 Minuten zu tun.
Danach muss die Creme für mindestens 6 Stunden in den Kühlschrank.

Bayerische Creme ist ein uraltes Rezept, das sich bis in die höfische Küche des 14. Jahrhunderts zurückverfolgen lässt. Trotz der mit dem Namen verbundenen Assoziationen ist sie eine fluffig-leichte Angelegenheit.

- → Weiche die Gelatine in kaltem Wasser ein. Lasse einen Topf Wasser heiß werden – du brauchst das später für das Wasserbad. Stelle eine Schüssel mit eiskaltem Wasser bereit – auch die brauchst du später.
- → Koche die Milch mit der Vanilleschote auf und lasse sie bei geringer Hitze 5 Minuten weiter köcheln. Nimm den Topf vom Herd.
- → Während die Milch vor sich hin köchelt, trennst du die Eier und rührst die Eigelbe mit dem Zucker schaumig.
- → Rühre die Eigelbmasse in die warme Milch. Schütte die Mischung in eine hitzebeständige Schüssel und hänge sie in das heiße Wasserbad. Rühre ständig weiter, bis die Mischung 80 °C heiß ist.
- → Fische die Vanilleschote heraus. Drücke die Gelatine aus und rühre sie in die Creme-Masse ein.
- → Hänge die Schüssel wieder in ein Wasserbad – diesmal ein eiskaltes – und rühre weiter, bis sie kalt ist.
- → Lasse sie ein wenig im kalten Wasserbad stehen, während du die Sahne steif schlägst.
- → Sobald die Creme-Masse fest zu werden beginnt, hebst du die Sahne unter. Stelle die Creme für mindestens 6 Stunden in den Kühlschrank, damit sie fest wird.
- → Stich mit 2 Esslöffeln Nocken von der Creme ab und richte sie mit ein paar Früchten auf Desserttellern an.

▶ Das geht am besten mit einem großen Schneebesen. Du musst 5–10 Minuten kräftig schlagen, bis die Mischung hellgelb ist. Eine Schritt-für-Schritt-Anleitung findest du auf dreiminutenei.de/eierschaum.

▶ Die Temperatur kannst du auch ohne Thermometer leicht ermitteln: Stippe kurz mit dem Finger in die Masse. Wenn Sie so heiß ist, dass du ihn sofort wieder herausziehst, sind 80 °C erreicht.
Wenn du dich das nicht traust: Wasser ist 80 °C heiß, wenn sich Bläschen bilden so groß wie Stecknadelköpfe. Nach etwa 10 Minuten im 80 °C heißen Wasserbad hat auch die Creme diese Temperatur.
Immer ans Rühren denken, damit die Masse gleichmäßig heiß wird!

APFELTARTE

75–100 g Zucker
4 ½ Scheiben Blätterteig (300 g)
1–2 EL Grieß
600 g Äpfel
50 g Butter

Rechne etwa 20 Minuten für die Vorbereitung plus 25–30 Minuten Backzeit.

Viel Zucker. Viel Butter. Viel Lecker. Den Blätterteig kann man selbst machen. Muss man aber nicht.

- Heize den Backofen auf 180 °C vor.
- Lege großes Stück Backpapier auf die Arbeitsfläche und streue die Hälfte des Zuckers in einer dicken Schicht darauf.
- Lege den Blätterteig auf der Zuckerschicht zu einem Rechteck aus. Dabei sollten sich die Platten etwa 1 cm überlappen. Drücke sie gut fest und walze die Nahtstellen etwas flach. Benutze die Springform, um einen Kreis zu markieren. Schneide den überstehenden Teig ab und stelle etwas Kreatives damit an.
- Transferiere den Teigkreis mitsamt Backpapier auf ein Backblech. Stich den Teig mit einer Gabel ein paar Mal ein und bestreue ihn mit dem Grieß.
- Schäle die Äpfel, viertele und entkerne sie. Schneide sie in feine Spalten, die du – von außen beginnend – rosettenförmig auf dem Teig anordnest.
- Lasse die Butter flüssig werden. Sie soll nicht schäumen und schon gar nicht bräunen. Verteile sie mit einem Backpinsel gleichmäßig auf den Äpfeln.
- Bestreue die Tarte großzügig und gleichmäßig mit dem Rest Zucker und schiebe sie in den Backofen (mittlere Schiene).
- Kontrolliere nach 20 Minuten, ob die Äpfel braun werden.
- Wenn die Tarte schön goldbraun ist, ist sie fertig. Sonst lasse sie noch etwas länger im Ofen.
- Lasse die Tarte ein wenig abkühlen und hebe sie dann mitsamt Backpapier auf ein Schneidbrett. Am einfachsten ist es, wenn du sie auch mitsamt Backpapier in Stücke schneidest und dann stückweise vom Backpapier auf Teller hebst.
- Die Tarte schmeckt heiß, warm oder kalt. Mit oder ohne frisch geschlagene, kühle Sahne. Oder mit Vanilleeis.

Nimm eine Springform von 26 cm Durchmesser als Maß – so groß wird hinterher die Tarte.

Der Grieß verhindert, dass die Äpfel den Teig aufweichen.

Eigentlich ist das der Zucker, der gerade karamellisiert.

Zur Not kannst du ganz kurz den Grill einschalten. Aber passe auf, weil der Zucker höllisch schnell anbrennt.

CREME
VON WEISSER SCHOKOLADE MIT HEIDELBEEREN

100 g Sahne
200 g weiße Schokolade
250 g Crème fraîche
½ unbehandelte Zitrone
250 g Heidelbeeren

Du brauchst 10 Minuten fürs Creme rühren, plus 1–2 Stunden Kühlzeit.

Die meisten Desserts sind zeitaufwendig und kompliziert zuzubereiten. Dieses hier nicht: Es ist in wenigen Minuten zusammengerührt und kinderleicht zubereitet. Deine Gäste werden trotzdem begeistert sein.

- Schmilz unter ständigem Rühren die weiße Schokolade bei sehr geringer Hitze in der Sahne. Sobald die Schokolade sich aufgelöst hat, nimmst du den Topf vom Herd.
- Rühre die Crème fraîche unter, so dass eine homogene Masse entsteht. Reibe die Zitronenschale ab und mische sie unter die Creme. Lasse alles abkühlen und stelle es bis zum Servieren in den Kühlschrank. Dabei wird die Creme noch etwas fester.
- Schichte die Creme abwechselnd mit den Heidelbeeren in hohe Gläser. Die Menge reicht aus, um 4 Gläser von 150 ml randvoll zu füllen. Und die Creme ist süß und schwer genug, dass die Menge genügt, Deinen Gästen ein satt-zufriedenes Grinsen auf das Gesicht zu zaubern.

Es darf wirklich nur **sehr geringe** Hitze sein, sonst zersetzt sich die Schokolade unrettbar in Öl und feste Bestandteile. Herd auf Stufe 1 oder 2 reicht völlig aus.

Du kannst frische oder gefrorene Heidelbeeren verwenden. Gefrorene musst du rechtzeitig auftauen.

Die Creme kannst du auch mit anderen farbstarken, nicht zu süßen Früchten zubereiten, z. B. Brombeeren oder schwarzen Johannisbeeren.

QUARKSOUFFLÉ
MIT GELIERTEN ZITRUSFRÜCHTEN

Soufflé hat den Ruf, ein heikles Rezept zu sein. Dabei kannst du ganz einfach ein luftig fluffig frisches Dessert zubereiten, wenn du ein paar wenige Dinge beachtest.

Für die Zitrusfrüchte
3 Orangen
2 Grapefruit
8 Kumquats
2 EL Zucker
1–2 TL Stärke
1 unbehandelte Zitrone
Etwas Grand Marnier oder Cointreau

Für das Quarksoufflé
Etwas Butter
4 EL Zucker
2 Eier
1 Vanilleschote
250 g Magerquark
2 EL Puderzucker
1 EL Stärke
1 Prise Salz

Du brauchst 45–60 Minuten, je nachdem, wie geübt du im Filetieren bist.

- Heize den Backofen auf 200 °C vor.
- Filetiere Orangen und Grapefruits und fange den Saft in einer Schüssel auf.
- Schneide die Kumquats in dünne Scheiben. Koche den Zucker mit 6 EL Wasser auf und gare die Kumquats 2 Minuten darin.
- Rühre die Stärke mit etwas von dem aufgefangenen Zitrusfruchtsaft an. Gib den übrigen Saft zu den Kumquats, erhitze ihn und rühre die Stärkelösung löffelweise ein. Höre auf, sobald der Saft eindickt.
- Reibe die Zitronenschale ab und presse den Saft aus.
- Schmecke die Saftmischung mit ungefähr der Hälfte des Zitronensafts und Orangenlikör ab, lege die Fruchtfilets ein und lasse alles abkühlen.
- Buttere 4 Souffléförmchen und streue sie mit Zucker aus.
- Trenne die Eier und kratze das Mark aus der Vanilleschote.
- Verrühre den Quark mit der Hälfte des Puderzuckers, der Stärke, dem Eigelb und dem Vanillemark. Schmecke mit dem restlichen Zitronensaft und etwas Schale ab. Gib die Vanilleschote zu den Zitrusfrüchten.
- Schlage das Eiweiß mit dem Salz und dem restlichen Puderzucker sehr steif. Hebe das Eiweiß unter die Quarkmasse und fülle alles in die Souffléförmchen (etwa ¾ voll).
- Stelle die Förmchen in eine feuerfeste Schale und gieße so viel kochendes Wasser zu, dass die Förmchen zur Hälfte darin stehen. Schiebe die Schale in den Backofen und lasse das Soufflé 15 Minuten backen.
- Stürze die Soufflés auf Dessertteller und richte die Zitrusfrüchte dazu an.

Wie man Zitrusfrüchte filetiert, kannst du bei dreiminutenei.de/fruchtfilet nachlesen.

Kumquats bestehen aus viel Schale, vielen Kernen, wenig Fruchtfleisch und viel Geschmack. Sie sind komplett essbar.

Fette auch den Rand gut ein, dann kommt das Soufflé viel besser aus der Form.

Habe Geduld! Du darfst den Ofen auf keinen Fall zu früh aufmachen, denn dann fällt das Soufflé zusammen!

MARACUJA-MOUSSE
MIT WEISSER SCHOKOLADE UND HIMBEEREN

100 g weiße Schokolade
5 Maracujas
3 Eier
100–150 g Himbeeren (frisch oder TK)

Für die Zubereitung brauchst du etwa 30 Minuten.
Danach muss die Mousse mindestens 4 Stunden in den Kühlschrank.

Dieses Dessert lebt von allerlei Kontrasten: Säuerliche Passionsfrüchte treffen auf die überreiche Süße der weißen Schokolade. Die Maracuja- und Himbeerkerne krachen beim Kauen und kontrastieren mit dem fluffigen Eierschaum. Ein großartiges Dessert, das keine besonderen Kochkünste erfordert.

- → Brich die Schokolade in Stücke und lasse sie in einer Schüssel im Wasserbad schmelzen. Wenn die Schokolade sich in einen weichen Brei verwandelt hat, nimmst du die Schüssel aus dem Wasserbad und lässt die Schokolade etwas abkühlen, aber nicht wieder fest werden.
- → Schneide die Maracujas auf und schabe das Geschlabber (alles: Fruchtfleisch, Saft, Kerne) in die warme Schokolade.
- → Trenne die Eier. Das Eigelb rührst du vorsichtig in die Schokolade-Maracuja-Mischung.
- → Das Eiweiß schlägst du steif und hebst es dann unter die Mischung.
- → Verteile die Himbeeren auf vier Portionsgläser. TK-Früchte müssen nicht aufgetaut werden; es geht sogar besser, wenn sie noch gefroren sind.
- → Verteile die Mousse darüber und stelle sie für mindestens 4 Stunden in den Kühlschrank, bis sie fest geworden ist.
- → Früchte und Saft setzen sich am Boden ab, während die Eier-Schokolade-Mischung eine fluffige Mousse darüber bildet. Das ist ein super Esserlebnis.

Sei vorsichtig! Die Schokolade darf nicht zu heiß werden, damit sich das Fett nicht abtrennt. Es darf auch kein Wasser in die Schüssel kommen, denn dann würde die Masse gerinnen. Weiße Schokolade wird nicht so flüssig wie Milchschokolade, sondern eher breiig.

Unterheben ist etwas anderes als unterrühren! Im Internet findest du viele Videos, die die Technik zeigen.

Du kannst die Mousse 1 Tag im Kühlschrank aufbewahren. Länger nicht wegen der rohen Eier.

ROTWEINBIRNEN

2 unbehandelte Zitronen
250 ml trockener Rotwein
200 g Zucker
2 Zimtstangen
4 feste, reife Birnen

30 Minuten für die Vorbereitung und fürs Garen der Birnen. Danach müssen sie über Nacht im Sud ziehen.
Für den Sirup brauchst du dann noch einmal 20–30 Minuten.

Rotweinbirnen verbreiten den Duft von Weihnachtsmarkt und Glühwein. Ihre Süße wird durch die leichte Bitterkeit der Zitronenschale ausbalanciert. Zeitaufwendig, aber einfach gemacht und ein würdiger Abschluss nach einem edlen Mahl.

- Presse 1 Zitrone aus. Schneide die andere in 6 Scheiben.
- Bringe den Rotwein mit dem Zucker, den Zimtstangen und den Zitronenscheiben in einem kleinen Topf vorsichtig zum Kochen. Rühre immer wieder um, bis sich der Zucker aufgelöst hat.
- Währenddessen schneidest du das untere Ende der Birnen gerade, so dass eine Standfläche entsteht. Entferne – am besten mit einem Kugelausstecher oder mit einem dünnen, scharfen Messer – das Kerngehäuse. Schäle die Birnen und reibe sie mit dem Zitronensaft ein.
- Lege die Birnen vorsichtig in den Rotweinsud und fülle mit ca. 250 ml Wasser auf, so dass die Birnen fast bedeckt sind. Lasse die Birnen 20–25 Minuten bei geringer Hitze köcheln. Drehe sie dabei immer wieder behutsam um, damit sie gleichmäßig eingefärbt werden.
- Lasse die Birnen über Nacht im Sud stehen. Sie färben sich dabei intensiv rot. Wende sie gelegentlich für eine gleichmäßigere Farbe.
- Nimm sie am nächsten Tag aus dem Topf und koche den Sud bei starker Hitze auf ungefähr die Hälfte bis ein Drittel ein. Er sollte die Konsistenz von flüssigem Honig haben.
- Richte die Birnen auf Tellern an und beträufele sie mit dem Sirup.

Es ist natürlich einfacher, die Birnen zu vierteln und dann die Kerne zu entfernen. Das sieht dann aber auf dem Teller längst nicht so spektakulär aus. Und das Auge isst ja bekanntlich mit.

Vorsicht beim Probieren: Der Sirup bleibt überraschend lange heiß!
Er darf andererseits auch nicht zu kalt sein, denn er wird beim Erkalten fest und dann ist's vorbei mit dem auf die Birnen träufeln. Falls dir das passiert, kannst du ihn sehr, sehr vorsichtig wieder erwärmen.

PANNA COTTA
MIT BROMBEERSAUCE

2–3 Blatt Gelatine
1 Vanilleschote
50 g Zucker
500 g Sahne
250 g Brombeeren
2 EL Zucker für die Sauce

Panna Cotta ist in 30 Minuten vorbereitet und muss dann für 4–6 Stunden in den Kühlschrank.

Immer wenn ich ein neues italienisches Restaurant gefunden habe, probiere ich die Panna Cotta: Sie ist so einfach und kann so leicht durch zu viel Gelatine verdorben werden. Die eigentliche Kunst besteht nämlich darin, genug Gelatine zu verwenden, dass man sie stürzen kann, aber nicht so viel, dass man einen großen Klotz hart gewordenen Sahnekleister serviert. Zur Sicherheit kannst du sie in Portionsgläsern anrichten – da kann eigentlich nichts schiefgehen.

- Weiche die Gelatine in kaltem Wasser ein.
- Schlitze die Vanilleschote auf und kratze das Mark heraus. Vermische es mit dem Zucker – so verteilt es sich später besser in der Sahne.
- Bringe die Sahne mit dem Vanillezucker und der ausgekratzten Schote zum Kochen und lasse sie bei geringer Hitze ungefähr 10 Minuten vor sich hin köcheln. Dadurch verdunstet ein Teil der Flüssigkeit und die Sahne wird ein wenig dicker.
- Nimm die Sahne vom Herd und lasse sie 5–10 Minuten abkühlen. Fische die Vanilleschote heraus.
- Drücke die Gelatine gut aus und löse sie schnell in der noch heißen Sahne auf. Am besten nimmst du dafür einen Schneebesen, damit sich keine Klümpchen bilden.
- Verteile die Mischung auf 4 oder 6 Portionsgläser. Decke die Gläser mit Alu- oder Frischhaltefolie ab und stelle die Panna Cotta in den Kühlschrank. Dort bleibt sie ungefähr 4 Stunden, bis sie fest geworden ist.
- Kurz vor dem Servieren pürierst du die Brombeeren mit ungefähr 2 EL Zucker. Verteile die Sauce und serviere.

Statt Brombeeren kannst du auch andere Früchte nehmen, z. B. Himbeeren, Erdbeeren oder schwarze Johannisbeeren.

Wenn du die Panna Cotta in Portionsgläsern servierst, reichen 2 Blatt Gelatine. Möchtest du sie stürzen, solltest du ein halbes bis ganzes Blatt mehr Gelatine verwenden.

Beim Abkühlen sinken die Vanillesamen nach unten. Wenn du eine gleichmäßigere Verteilung haben möchtest, lässt du die Creme in der Schüssel abkühlen, bis sie schon leicht geliert ist. Rühre sie dann noch einmal auf und fülle sie erst jetzt in Gläser.

REGISTER DER REZEPTE

M

O

P, Q

R

S

T

W, Z